DEIN COACH ZUM ERFOLG!

So geht's ins ActiveBook:

Du kannst auf alle digitalen Inhalte zu diesem Band online zugreifen. Registriere dich dazu unter **www.stark-verlag.de/mystark** mit deinem **persönlichen Zugangscode**:

92541-001083

gültig bis 31. Juli 2021

Das Active**Book** *bietet dir:*

- Die Original-Prüfungsaufgaben von 2020 mit vollständigen Lösungsvorschlägen
- Kleinschrittige Aufgaben zur Analyse von literarischen und pragmatischen Texten
- Videos zur Veranschaulichung des Vorgehens bei der Textanalyse
- Sofortige Ergebnisauswertung und Feedback zu einzelnen Aufgaben

Active**Book**

DEIN COACH ZUM ERFOLG!

So kannst du interaktiv lernen:

Interaktive Aufgaben

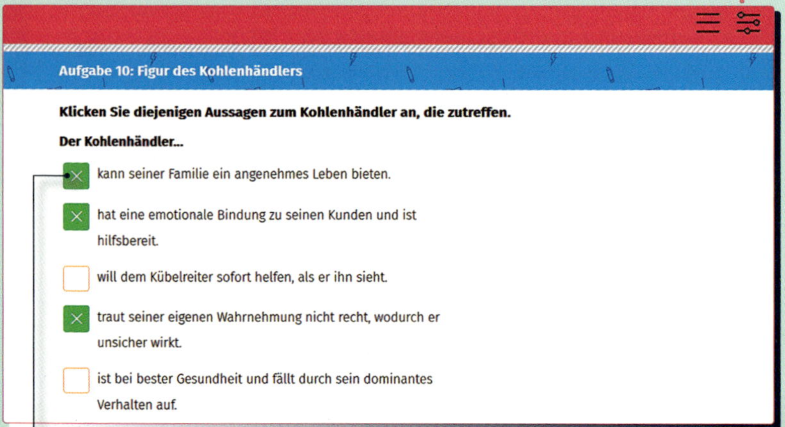

Sofortige Ergebnisauswertung

Lernvideos

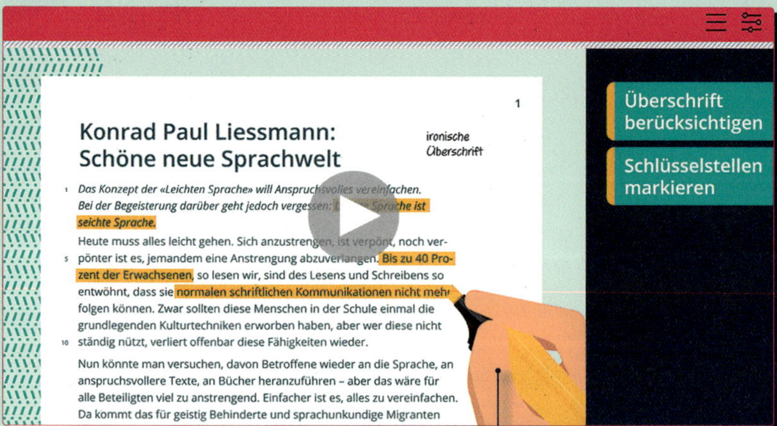

Anschauliche Erklärungen zur Textanalyse

Systemvoraussetzungen:

- Windows 7/8/10 oder Mac OS X ab 10.9
- Mindestens 1024×768 Pixel Bildschirmauflösung
- Chrome, Firefox oder ähnlicher Webbrowser
- Internetzugang

2021

FOS · BOS 13

Abitur-Prüfungsaufgaben
mit Lösungen

Bayern

Deutsch

STARK

23. ergänzte Auflage
www.stark-verlag.de

Inhaltsverzeichnis

Übungsaufgaben

Abiturprüfung 2017 *

Abiturprüfung 2018 *

* Aufgabe I (Analyse eines Sachtextes) wurde aufgrund des neuen Prüfungsformats, das ab 2020 gilt, nicht mehr abgedruckt.

Abiturprüfung 2020

Das Corona-Virus hat im vergangenen Schuljahr auch die Prüfungsabläufe durcheinandergebracht und manches verzögert. Daher sind die Aufgaben und Lösungen zur Prüfung 2020 in diesem Jahr nicht im Buch abgedruckt, sondern erscheinen in digitaler Form. Sobald die Original-Prüfungsaufgaben 2020 zur Veröffentlichung freigegeben sind, können Sie sie als PDF auf der Plattform MyStark herunterladen.

Autorinnen und Autoren

Melanie Eckert	2018/III
Erasmus Ganghofer	2018/IV
Klaus Meyer	2017/III
Gilbert Schwarz	2017/II und IV, 2018/II
Martina Walter	Hinweise und Tipps zur schriftlichen Abiturprüfung, Übungsaufgaben III und IV
Barbara Zeller	Übungsaufgabe I
Redaktion	Übungsaufgabe II

Vorwort

Liebe Abiturientin, lieber Abiturient,

der vorliegende Band hilft Ihnen bei der gezielten und optimalen Vorbereitung auf die schriftliche Abiturprüfung 2021 im Fach Deutsch.

Das einführende Kapitel „**Hinweise und Tipps**" informiert Sie über die offiziellen Vorgaben und macht Sie mit den zur Wahl gestellten Aufgabenarten vertraut. Nach dem geltenden Prüfungskonzept werden Ihnen vier verschiedene Aufgabentypen bei der Abiturprüfung vorgelegt. Sie können sich zwischen dem materialgestützten Argumentieren oder der Interpretation eines literarischen Textes (Lyrik, Epik oder Dramatik) entscheiden.

Mithilfe der anschließenden **Übungsaufgaben** können Sie trainieren, wie Sie bei der Bearbeitung der Aufgaben vorgehen. Hier helfen praktische Tipps bei der Abfassung des Textes. Die ausführlichen Lösungsvorschläge geben Ihnen eine Orientierung, wie ein guter Aufsatz geschrieben sein könnte.

Die **originalen Prüfungsaufgaben** machen Sie mit den Anforderungen bei der Erschließung literarischer Texte vertraut. Randbemerkungen helfen Ihnen, den Aufbau und die Bestandteile einer musterhaft formulierten Lösung besser nachvollziehen zu können. Beachten Sie, dass nach dem neuen Prüfungskonzept Materialien gegeben sein können, die Sie in Ihre Lösung einbeziehen sollen.

Das **ActiveBook** zu diesem Buch enthält zusätzliche interaktive Aufgaben. So können Sie sich auch am PC oder Tablet ideal auf die Prüfung vorbereiten. Den Link zur Onlineplattform *MyStark* sowie den Zugangscode für Ihr ActiveBook entnehmen Sie den Farbseiten vorne im Buch.

Sollten nach Erscheinen dieses Bandes noch wichtige Änderungen in der Abiturprüfung 2021 vom Kultusministerium bekannt gegeben werden, finden Sie aktuelle Informationen dazu im Internet unter: *www.stark-verlag.de/mystark*

Wir wünschen Ihnen eine effektive Abiturvorbereitung und eine erfolgreiche Prüfung!

Die Autorinnen und Autoren sowie der Verlag

HINWEISE UND TIPPS

Hinweise und Tipps zur schriftlichen Abiturprüfung

Allgemeines

1 Rahmenbedingungen

Mit der Prüfung im Fach **Deutsch am 17. Mai 2021** beginnt die Woche der schriftlichen Abiturprüfungen. Da fast an jedem Tag ein anderes Fach auf der Agenda steht, ist der schriftliche Teil des Abiturs innerhalb von einer Woche abgeschlossen. Es gilt also, sich die Vorbereitungszeit gut einzuteilen.

Sie haben eine Bearbeitungszeit von **300 Minuten**, also volle fünf Stunden.

2 Aufgabenarten

Die unten abgebildeten Aufgabenformate stehen Ihnen im Abitur **immer zur Auswahl**. Damit Ihnen die Entscheidung in der Prüfung leichter fällt, sollten Sie sich im Vorfeld mit den **spezifischen Anforderungen** der Aufgabenformate vertraut machen. Dabei helfen Ihnen die nachfolgenden Ausführungen.

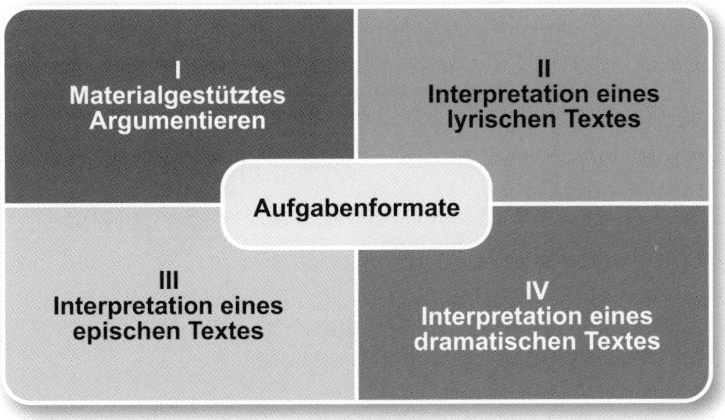

1 Allgemeines zur Aufgabenstellung

Bei **Aufgabenart I** kommt es darauf an, auf Basis gegebener Materialien einen argumentierenden Text zu verfassen.

Zuerst sollen Sie in Teilaufgabe a) den gegebenen **Text analysieren**. In der Regel müssen Sie hierbei **bestimmen, wie der Autor/die Autorin seine bzw. ihre Position argumentativ entwickelt**, und dabei auch auf die **sprachlich-stilistische Gestaltung** des Textes eingehen.

In Teilaufgabe b) setzen Sie sich im Anschluss mit dem der Aufgabenstellung zugrundeliegenden Sachverhalt auseinander, indem Sie einen **Kommentar** verfassen. Bei dieser journalistischen Textform kommt es darauf an, die **eigene Meinung zu einem aktuellen** Thema kundzutun und die Leserinnen und Leser von der eigenen Position zu überzeugen. Dabei stehen Ihnen verschiedene **Materialien** zur Verfügung, die Sie zu Informations- und Argumentationszwecken nutzen sollen. Sie können sich dabei von der Position des Autors/der Autorin abgrenzen oder seine bzw. ihre Position zustimmend ergänzen. Daneben kann bereits in der Aufgabenstellung vorgegeben sein, welchen Standpunkt Sie einnehmen sollen. Im Gegensatz zur 12. Jahrgangsstufe haben Sie **nicht die Wahl, alternativ** zum Kommentar auch **eine Erörterung** zu schreiben.

Die dargebotenen Materialien liegen in **kontinuierlicher** (als Text) und **diskontinuierlicher** (z. B. Grafiken, Fotografien, Wordclouds, Karikaturen etc.) Form vor. Diese sollen Ihre Ausführungen lediglich stützen und sozusagen als „Steinbruch" verwendet werden. Daneben können bzw. sollen Sie **eigene Erfahrungen und eigenes Wissen** in Ihre Lösung einfließen lassen.

Entscheidend ist, dass Sie in der Lage sind, die **gegebenen Materialien gezielt auszuwerten** und für die Produktion eines eigenen Textes nutzbar zu machen. Insbesondere beim Verfassen eines Kommentars ist es wichtig, den eigenen **Standpunkt in aller Deutlichkeit zu vertreten** und einen bestimmten **Sachverhalt auch pointiert darstellen** zu können, ohne dabei polemisch zu werden oder abzuschweifen.

2 Einen Sachtext analysieren

In einem ersten Analyseschritt muss der Text im Rahmen einer **Überblicksinformation** kurz vorgestellt werden. Neben den Angaben zu **Autor, Titel, Textsorte und Quelle** sollen auch die wesentlichen **inhaltlichen Kernaussagen** sowie die **Absicht des Autors/der Autorin** kurz und prägnant **zusammengefasst** werden.

In einem zweiten Schritt beschäftigen Sie sich eingehend mit **Aufbau und Inhalt** des zu untersuchenden Textes und gehen, sofern das die Aufgabenstellung von Ihnen verlangt, auch auf dessen **sprachliche Gestaltung** ein. Am besten gliedern Sie hierzu den Text in Abschnitte und überlegen sich, wie die aufeinanderfolgenden Sinnabschnitte zusammenhängen (z. B.: Kernthese des Autors – Begründung – Exkurs – historisches Beispiel etc.). Sollte auch eine Sprachanalyse verlangt werden, bietet es sich an, zunächst die **grundlegende Absicht** des Verfasser bzw. der Verfasserin zu ermitteln, indem Sie die Frage beantworten: *Was will der Autor/die Autorin mit dem Text insgesamt erreichen?* Diese Hauptintention wird grundsätzlich mithilfe mehrerer **Teilintentionen** unterstützt, die oftmals auch bestimmten Sinneinheiten im Text zugeordnet werden können. Nachdem Sie bei der Ausformulierung Ihrer Analyse die Hauptintention des Autors genannt haben, können Sie sukzessive die einzelnen Teilintentionen (z. B. informieren, befürworten/ablehnen, appellieren etc.) entfalten. Gehen Sie dabei auch darauf ein, welche **sprachlichen Mittel** der Autor/die Autorin einsetzt, um seine bzw. ihre Ziele zu erreichen. Diese müssen **benannt**, **belegt** sowie in Bezug auf die Intention **interpretiert** werden. Beachten Sie also folgenden Dreischritt:

1 Angabe der Intention des Verfassers / der Verfasserin	
„Der Autor / Die Autorin beabsichtigt …“	*Beispiel:* Der Autor spottet über das gegenwärtige Ess- und Trinkverhalten, wobei er sich insbesondere über das Trinken aus Flaschen lustig macht.
2 Benennen und Belegen des dazu verwendeten Stilmittels	
„Dazu verwendet er / sie …“	*Beispiel:* Er verwendet einen verniedlichenden Diminutiv, wenn er feststellt, Erwachsene würden sich heute das „Fläschchen“ (Z. 13) selbst geben.
3 Interpretation in Bezug auf die Intention des Verfassers / der Verfasserin	
„Dieses Stilmittel unterstützt die Absicht des Verfassers / der Verfasserin, indem …“	*Beispiel:* Dadurch kennzeichnet er ein solches Trinkverhalten direkt aus der Flasche als Rückfall in ein infantiles Entwicklungsstadium.

3 Materialgestütztes Argumentieren

Grundsätzlich bietet sich folgendes Schema zur Erarbeitung an:

Abfassen eines Kommentars

Der **Kommentar** hat trotz der unterschiedlichen Varianten dieser journalistischen Form eine relativ **klare Struktur**, an der man sich beim Abfassen orientieren kann.

In einer **Einleitung** führen Sie nach einem Einstieg, der die Aufmerksamkeit der Leserinnen und Leser sichert, zur **Themafrage bzw. These** hin.

⬇

Im anschließenden **Hauptteil** haben Sie verschiedene Möglichkeiten zur thematischen Entfaltung. Sie sind grundsätzlich frei in der Strukturierung Ihrer Ausführungen, doch sollten Sie bei Ihrem Text **auf einen „roten Faden" achten** und die gegebenen **Materialien einbeziehen**.

Es sollte abgewechselt werden zwischen:

a) **informierenden Passagen**, in denen Sie den Leserinnen und Lesern sachlich und neutral Grundinformationen zum Thema darbieten,

b) **narrativen Passagen**, durch die Sie Ihrem Text Lebendigkeit und Anschaulichkeit verleihen,

c) sowie **argumentierenden Passagen**, in denen Sie Ihre Leserinnen und Leser durch Argumente, die Sie auch freier gestalten können, von Ihrem Standpunkt überzeugen.

Je nach Aufgabenstellung und persönlicher Einstellung zum Thema ergeben sich für die Strukturierung folgende Möglichkeiten:

→ **Argumentations-Kommentar:** Hier entfalten Sie sukzessive Ihre eigene Position zum Thema. Dabei greifen Sie mögliche Gegenargumente auf und entkräften diese bei Bedarf.

→ **Entweder-oder-Kommentar:** Hier findet ein abwägendes Nachdenken über beide Seiten statt, das mit einer persönlichen Bewertung einhergeht.

⬇

Im **Fazit** soll es in jedem Fall zu einer **Zuspitzung der eigenen Position** kommen.

Achten Sie bei der **sprachlich-stilistischen** Gestaltung auf einen **Stilmix** aus **Fachsprache und Umgangssprache**. Grundsätzlich eignet sich aus stilistischer Sicht eher ein **parataktischer Satzbau,** um Meinungen pointiert zum Ausdruck zu bringen. Wenn Sie über komplexe Zusammenhänge informieren, werden Ihre Ausführungen eher hypotaktisch strukturiert sein. Mithilfe von **Variation, Wiederholung und Antithetik** können Sie Ihre eigene Position schärfen. Rhetorische Mittel sollten bedacht und sinnvoll eingesetzt werden. Besonders der bewusste Gebrauch **bildlicher Ausdrücke** zielt auf eine plastische Vermittlung der persönlichen Sichtweise ab.

Die Aufgabenformate der Abiturprüfung fordern von Ihnen bei allen literarischen Texten eine **Interpretation**. Dies heißt grundsätzlich, Sie sollen Texte, Aussagen o. Ä. **deuten**. Die Aspekte, die Sie dafür genauer betrachten können, haben Sie weitgehend schon in der 12. Jahrgangsstufe kennengelernt. Neu hingegen ist, dass Ihnen nicht mehr vorgegeben wird, welchen **Schwerpunkt** die Analyse hat. Diesen müssen Sie nach dem Lesen des Textes **selbstständig festlegen**. Hierfür können Sie auf **bekannte Analysemuster** zurückgreifen und überprüfen, inwiefern sich diese **auf den zu untersuchenden Text anwenden** lassen. Im Folgenden erhalten Sie einen Überblick über mögliche Anknüpfungspunkte bei der Beschäftigung mit lyrischen, epischen oder dramatischen Texten.

1 Interpretation eines lyrischen Textes

Bei **Aufgabenart II** wird die Interpretation bzw. der Vergleich von **lyrischen Texten** gefordert, die entweder in einem zeitgeschichtlichen oder motivischen Zusammenhang stehen und somit Ansatzpunkte für eine vergleichende Betrachtung bieten. Im Rahmen der Bearbeitung von Teilaufgabe a) analysieren und interpretieren Sie **Inhalt**, gedanklichen **Aufbau**, **Form** und **sprachliche Gestaltung** des Ausgangstextes. Diese **Aspekte** sollten jedoch **nicht isoliert, sondern im Zusammenhang betrachtet** werden. Wenn im Gedicht beispielsweise auf inhaltlicher Ebene eine Flussfahrt dargestellt wird, könnte eine regelmäßige Zahl von Hebungen und Senkungen als gleichförmige Wellenbewegung gedeutet werden. In diesem Fall wäre also auf den engen Bezug zwischen Inhalt und metrischer Form einzugehen. Bei der Analyse kommt es demnach darauf an, nachvollziehbar darzulegen, **was** in den einzelnen Strophen und Versen ausgesagt wird, und auf Basis genauer Textbeobachtungen zu erklären, **wie** Form und Sprache zur Vermittlung dieser Aussagen beitragen.

Bei Teilaufgabe b) können unterschiedliche Akzente gesetzt werden. Zum einen ist denkbar, dass Sie einen **Gedichtvergleich** anstellen sollen. Hierbei müssen Sie, sofern die Aufgabenstellung keine Anhaltspunkte liefert, selbstständig Vergleichsaspekte finden und darlegen, inwiefern in Bezug auf Inhalt, Form und Sprache Gemeinsamkeiten und Unterschiede festzustellen sind. Zum anderen ist aber auch denkbar, dass eine **weiterführende Aufgabe** gestellt wird, bei der Sie sich mit dem Selbstverständnis des Dichters bzw. der Dichterin, einem poetologischen Konzept oder auch mit der Einordnung des Textes in eine literarische Strömung auseinandersetzen sollen. Hierzu wird Ihnen aber in jedem Fall **unterstützendes Material** an die Hand gegeben. Der Schwerpunkt der Aufgabenstellung liegt in der Regel bei Teilaufgabe a).

1.1 Aufbau und Form

Untersuchen Sie zunächst den formalen Aufbau des Gedichts. Dazu gehört es, sich **Anzahl und Länge der Strophen** näher anzusehen. In Ausnahmefällen liegen dem Gedicht in Bezug auf die Strophenform traditionelle Strukturmuster zugrunde, wie das beispielsweise bei der Volksliedstrophe der Fall ist. Zudem lassen sich bestimmte **Gedichtformen** unterscheiden, wie beispielsweise Balladen, Lieder, Hymnen. Zur Analyse der Form gehört auch, **Reimschema, Metrum** und **Kadenzen** zu bestimmen.

1.2 Inhalt und Sprache

Nach der Beschreibung des formalen Aufbaus erfolgt eine intensive Auseinandersetzung mit dem Inhalt des Gedichts. Dabei lohnt es sich, dessen **Titel** zu betrachten und ihn in **Bezug zum Inhalt** zu setzen. Prüfen Sie, ob bzw. inwiefern es hier einen Zusammenhang gibt. In einem nächsten Schritt kann eine **sukzessive Beschäftigung mit den einzelnen Strophen bzw. Versen** erfolgen. Erfassen Sie dabei, was eigentlich ausgesagt werden soll, und prüfen Sie, ob bestimmte **Themen oder Motive** aufgegriffen werden. Oft ist es auch lohnenswert, die zugrunde liegende **Kommunikationssituation** in den Blick zu nehmen. So sollte ein Augenmerk darauf gelegt werden, ob es ein **lyrisches Ich** gibt, das beispielsweise in eine Rolle schlüpft, mit sich selbst spricht oder sich an ein Gegenüber richtet. Ebenso sollte man darauf eingehen, wenn sich **Entwicklungen** abzeichnen (Steigerungen, Höhepunkte, Pointen).

Die **sprachliche Gestaltung** von lyrischen Texten ist oft besonders komplex und daher für die Analyse bedeutend. Zentral ist hierbei die **Wortwahl**. In diesem Bereich sollen Sie u. a. prüfen, ob häufig Begriffe aus einem bestimmten Wortfeld stammen oder Schlüsselwörter im Text fallen. Gehen Sie daneben auf die **rhetorischen Mittel** ein, die den spezifischen Charakter eines Gedichts prägen.

1.3 Interpretation oder Gesamtdeutung

In einem letzten Schritt werden die bisherigen Erkenntnisse zusammengeführt. Dabei können Sie auf die besondere **Gestaltung einer bestimmten Thematik** oder auf die **Hauptaussage** des Gedichts im zeitgeschichtlichen Kontext eingehen. Auch Überlegungen zum **poetologischen Konzept** des Dichters bzw. der Dichterin oder eine Einordnung des Textes in eine **literarische Epoche** sind möglich. In diesem Fall wird Ihnen **Zusatzmaterial** zur Verfügung gestellt.

1.4 Vergleich

Beim Vergleich mit dem zweiten Text greifen Sie auf die Ergebnisse Ihrer Interpretation zurück und suchen sich gezielt Aspekte, die Sie im zweiten Text wiederfinden. Dies kann sowohl die **Ausgestaltung des zentralen Motivs, aber auch der formale Aufbau oder die sprachliche Gestaltung** sein. Auf welche Aspekte Sie sich genau beziehen, können Sie in einer knappen Hinführung erwähnen. Grundsätzlich sollten Sie sowohl auf **Unterschiede als auch auf Gemeinsamkeiten** der beiden Texte eingehen. Belegen Sie dabei all Ihre Aussagen konsequent am Text. Abschließend formulieren Sie ein **Fazit**, in dem Sie Ihre Ergebnisse zusammenführen.

2 Interpretation von epischen und dramatischen Texten

Die Aufgabenarten III und IV zielen darauf ab, sich mit epischen und dramatischen Texten auseinanderzusetzen. Dabei handelt es sich in der Regel um Auszüge aus Theaterstücken oder Romanen. Es kann sein, dass Ihnen über die Textgrundlage hinaus zusätzliche Materialien, die Sie bei der Bearbeitung einer (Teil-)Aufgabe berücksichtigen sollten, zur Verfügung gestellt werden. Die Aufgabenstellung gibt Ihnen in der Regel nicht vor, wie Ihre Lösung zu strukturieren ist. Im Folgenden werden mögliche Interpretationsansätze näher erläutert. Welche Schwerpunkte Sie dabei setzen, ist in erster Linie von dem gegebenen Text abhängig.

2.1 Den Inhalt wiedergeben

Für beide Aufgabenarten ist es notwendig, zunächst mithilfe einer Textvorstellung den Inhalt knapp zusammenzufassen. Im **Basissatz** werden Textsorte, Titel, Autor, Jahr der Erscheinung bzw. der Uraufführung sowie Kerninhalt bzw. das Thema festgehalten. In der folgenden **Inhaltsangabe** geben Sie die Inhalte des Textauszugs in abstrahierter Form und in eigenen Worten wieder. Auf einen Spannungsaufbau soll dabei in jedem Fall verzichtet werden. Achten Sie daher konsequent auf eine sachlich-neutrale Wortwahl. Die Wiedergabe eines Geschehens erfolgt im **Präsens**, bei Vorzeitigkeit wird das Perfekt verwendet. Verzichten Sie des Weiteren auf wörtliche Rede. Falls einzelne Aussagen für den Inhalt entscheidend sein sollten, greifen Sie auf Passivformulierungen oder die **indirekte Rede** zurück.

2.2 Einen epischen Text untersuchen

Grundsätzlich liegt epischen Texten folgendes Kommunikationsmodell zugrunde:

Bei der Interpretation eines epischen Textes ist es nötig, sich mit der **Art und Weise des Erzählens** zu beschäftigen. Nach der Auseinandersetzung mit dem Thema gibt es verschiedene Aspekte, die für die Interpretation nutzbar gemacht werden können. Sie unterscheiden dabei immer zwischen dem Autor/der Autorin, der bzw. die den Text verfasst hat, und dem Erzähler im Text. Beide können sich ähneln, sie sind aber nie identisch! Zunächst sollte das **Erzählverhalten** bestimmt werden:

- Auktoriales Erzählverhalten
  Der Erzähler hat einen Wissensvorsprung und überblickt das ganze Geschehen. Aus diesem Grund kann er es bewerten und kommentieren.
- Personales Erzählverhalten
  Der Erzähler nimmt die Perspektive einer handelnden Figur ein. Er kennt nur Geschehnisse, bei denen die Figur dabei war, oder über die ihr berichtet wurden. Wertungen werden hier allerhöchstens aus der Sicht der handelnden Figuren abgegeben.

- Neutrales Erzählverhalten
  Der Erzähler hält sich aus dem Geschehen heraus und gibt es unkommentiert wieder. Er ist als vermittelnde Instanz im Text gar nicht wahrnehmbar.

Bei der **Erzählform** können Ihnen zwei Varianten begegnen:

- Er-/Sie-Form
  Der Erzähler berichtet in der Er-/Sie-Form. Er kann im Hintergrund bleiben und in der Geschichte nicht erkennbar sein.
- Ich-Form
  Der Erzähler ist eine handelnde Figur in der Geschichte und beschreibt alle Vorkommnisse aus seiner Perspektive. Er ist am Geschehen persönlich beteiligt.

Auch der **Erzählerstandort** ist für die Analyse von Interesse. Ähnlich einer Kamera beim Film kann der Erzähler nah am Geschehen sein oder er kann einen olympischen Standort einnehmen und das gesamte (auch zukünftige) Geschehen überblicken. Daraus ergibt sich ein Kontinuum aus Nähe und Distanz, auf dem sich der Erzähler im Verhältnis zur erzählten Welt bewegt.

Zudem ist auch die **Zeitgestaltung** des Auszugs für die spätere Interpretation unter Umständen entscheidend. Dabei kann ein epischer Text besondere **Erzähldimensionen** aufweisen:

- **Lineares Erzählen**

a) zeitdeckend:	Erzählzeit	=	erzählte Zeit
b) zeitraffend:	Erzählzeit	<	erzählte Zeit
c) zeitdehnend:	Erzählzeit	>	erzählte Zeit

- **Nicht lineares Erzählen**
  a) Vorausdeutungen
  b) Rückblenden
  c) Montage zeitlich parallel verlaufender Handlungen

Außerdem ist die **Form der Darbietung** relevant:

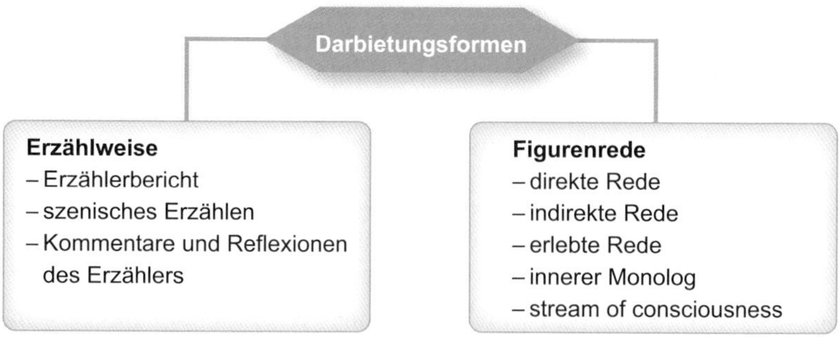

Neben der Erzählweise und der zeitlichen Gestaltung kann auch die **Raumgestaltung** eines epischen Textes in die Interpretation miteinbezogen werden. Zusätzlich zum eigentlichen **Handlungsraum**, in dem die Figuren agieren, ist ggf. auch ein **Stimmungsraum** – also die Sphäre – zu untersuchen. Zudem kann es möglich sein, dass im Ausschnitt bestimmte **Kontrasträume** (z. B. Großstadt vs. Idylle) aufgebaut oder **Räume symbolisch aufgeladen** werden (z. B. Zuhause als Ort der Sicherheit).

All diese Aspekte können an geeigneten Stellen (z. B. bei der Charakterisierung einer Figur) in die Interpretation eingebracht werden. Welche **Untersuchungsgegenstände** sich eignen, müssen Sie immer **in Abhängigkeit von dem gegebenen Text** entscheiden.

2.3 Einen dramatischen Text untersuchen

Im Gegensatz zu epischen Texten, bei denen ein Erzähler das Geschehen vermittelt, geht die **Handlung** eines Dramas **unmittelbar aus der Interaktion der beteiligten Figuren** hervor. Grundsätzlich ist ein Drama darauf hin ausgelegt, auf der Bühne aufgeführt zu werden. Ihnen liegt jedoch nur der Dramentext vor, der der Partitur eines Musikstücks gleicht. Umso genauer müssen Sie hinter die Textoberfläche blicken, indem Sie sich beispielsweise bewusst machen, welche Atmosphäre einer Szene zugrunde liegt, welche Motive das Handeln der Figuren bestimmen oder welche Gefühle und Haltungen die Figuren mit ihren Aussagen zum Ausdruck bringen. Beobachtungen hierzu können Sie in die **Gesprächsanalyse** einfließen lassen, die einen wesentlichen Bestandteil bei der Untersuchung dramatischer Texte bildet.
Im Zuge der Analyse unterteilen Sie die gegebene Dramenszene am besten in Abschnitte. Das hilft Ihnen auch, den **Gesprächsverlauf** nachzuzeichnen. Jede Phase des Gesprächs untersuchen Sie auf bestimmte Analyseaspekte hin. Insbesondere die Absichten und Gesprächsstrategien der Figuren sind hier relevant. Ebenso können ggf. auffällige Charaktereigenschaften thematisiert werden.

Folgende Leitfragen sind bei der Gesprächsanalyse hilfreich:

- Welche **Ausgangssituation** liegt dem Gespräch zugrunde (z. B. Gesprächsanlass, hierarchisches und emotionales Verhältnis der beteiligten Figuren, öffentlicher oder privater Raum)?
- Welche **Atmosphäre** dominiert in dem Gespräch (z. B. ruhig oder aufgeheizt)?
- Welche **Ziele** verfolgt eine Figur im Gespräch und welche **Strategie** wendet sie an, um diese zu erreichen (z. B. Mitleid erregen, drohen, Sympathie wecken usw.)? Mit welchem Erfolg?
- Inwiefern wirken sich **Gefühle** auf die Art und Weise aus, wie Figuren miteinander sprechen (z. B. Befangenheit, Angst, Scham, Zuneigung, Euphorie)?
- Wie sind die **Redeanteile** zwischen den Figuren verteilt?
- Zeigt sich eine Figur im Gesprächsverlauf eher **aktiv oder passiv**?
- Tragen die Gesprächspartner zum **Gelingen der Kommunikation** bei oder nicht (z. B. Eingehen auf die Argumente des anderen, aneinander vorbeireden)?
- Ist im Verhältnis der Gesprächspartner eine **Entwicklung** festzustellen?

Es ergibt sich daraus folgendes Schema, an dem Sie sich bei der Ausarbeitung orientieren können:

<table>
<tr><th colspan="2">Analyse eines Dialogs</th></tr>
<tr><td colspan="2">Sie beginnen mit einer Überleitung von der Inhaltsangabe zur Dialoganalyse und formulieren eine erste Deutungshypothese.</td></tr>
<tr><td colspan="2">Anschließend benennen Sie den Ausgangspunkt des Gesprächs. Dazu zählen die Gesprächssituation, die Gesprächsart, das Thema, das Verhältnis der Figuren oder ein eventuell bestehender Konflikt.
In der Folge gehen Sie phasenweise vor:</td></tr>
<tr><th colspan="2">Phase 1:</th></tr>
<tr><td>Figur A:
Absicht erläutern
Gesprächsverhalten beschreiben
ggf. Charaktereigenschaften ableiten</td><td>Figur B:
Absicht erläutern
Gesprächsverhalten beschreiben
ggf. Charaktereigenschaften ableiten</td></tr>
<tr><th colspan="2">Phase 2:</th></tr>
<tr><td>Figur A:
Absicht erläutern
Gesprächsverhalten beschreiben
ggf. Charaktereigenschaften ableiten</td><td>Figur B:
Absicht erläutern
Gesprächsverhalten beschreiben
ggf. Charaktereigenschaften ableiten</td></tr>
<tr><th colspan="2">Phase 3:</th></tr>
<tr><td>Figur A:
Absicht erläutern
Gesprächsverhalten beschreiben
ggf. Charaktereigenschaften ableiten</td><td>Figur B:
Absicht erläutern
Gesprächsverhalten beschreiben
ggf. Charaktereigenschaften ableiten</td></tr>
</table>

usw.

<table>
<tr><th>Schlussteil</th></tr>
<tr><td>Im Fazit fassen Sie das Ergebnis des Gesprächs knapp zusammen und runden die Analyse durch einen abschließenden Gedanken ab (z. B. Ausblick auf den möglichen weiteren Verlauf, Bewertung des Verhaltens, Gelingen der Kommunikation, vertiefende Darstellung der Entwicklung einer Figur).</td></tr>
</table>

2.4 Eine Figur charakterisieren

Bei dramatischen oder epischen Texten lohnt es sich häufig, die Protagonisten zu charakterisieren. Nachdem Sie Textpassagen, die Auskunft über die zu beschreibende Figur geben, unterstrichen haben, legen Sie im Anschluss einen Schreibplan (z. B. in Form eines Clusters) an. Folgende Aspekte spielen dabei eine Rolle:

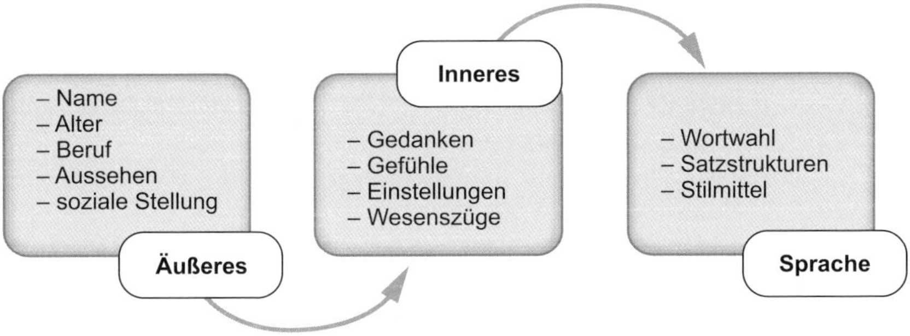

Um den Text sinnvoll zu strukturieren, gehen Sie bei der Ausformulierung nach folgendem Schema vor:

- Sie beginnen mit einer sprachlichen Überleitung, in der Sie die Figur und deren Funktion im Text benennen. Hier stellen Sie eine **Deutungshypothese** auf, in der Sie kurz Ihren **ersten Eindruck zur Figur** schildern.
- Im Anschluss erläutern Sie knapp die **äußeren und persönlichen Lebensumstände** der Figur (Name, Alter, Beruf, soziale Stellung) und beschreiben deren **äußeres Erscheinungsbild** (nur soweit im Text erwähnt, sonst unnötig!).
- Den Hauptteil der Charakterisierung bildet die ausführliche und in sich geschlossene Darstellung der **Wesenszüge, Eigenschaften, Haltungen, Einstellungen und Gefühle**. Dieser Teil ist argumentativ aufgebaut.
  - These (Leitaspekt) → Nennung der Charaktereigenschaft
  - allgemeine Begründung
  - Belege/Beispiele durch indirekte und direkte Zitate
- In einer **Globalcharakteristik** fassen Sie – unter Rückbezug auf die Deutungshypothese – Ihre Ergebnisse nochmals knapp zusammen.

2.5 Ein Beziehungsgeflecht analysieren

Neben der Charakterisierung einer literarischen Figur kann in der Prüfung auch gefordert werden, die **Beziehung zweier Figuren** zu untersuchen. Dabei geht es darum, mittels geeigneter Kategorien ein Beziehungsverhältnis zu analysieren und zu interpretieren.

Wichtig ist, dabei auch **„hinter den Text" zu blicken**. Das bedeutet, Sie sollten nicht nur darauf achten, **was** die Figuren miteinander reden, sondern **wie** sie das tun. Prüfen Sie auch, was nicht gesagt wird und welche Informationen Haupt- und Nebentext zum Verhalten der Figuren geben. Eine erste Annäherung kann anhand folgender Leitfragen erfolgen:

- Welche **grundsätzliche Art von Beziehung** liegt vor (z. B. verwandtschaftlich, freundschaftlich, geschäftlich, amourös)?
- In welchem **hierarchischen Verhältnis** stehen die Figuren zueinander? Gibt es Statusunterschiede?
- Geht aus der Vorbemerkung oder auch aus Aussagen im Text hervor, welche **Vorgeschichte** die Figuren miteinander teilen (z. B. Dauer einer Beziehung, besondere Erlebnisse in der Vergangenheit)?
- Unter welchen **Umständen** findet eine Begegnung im zu untersuchenden Textausschnitt statt (z. B. Zweisamkeit, Ausnahme- oder Alltagssituation)?
- Welche **Gefühle** hegen die Figuren füreinander (Zuneigung, Abneigung)?
- Gibt es gemeinsame oder konkurrierende **Interessen, Werthaltungen und Ziele**? Resultieren Konflikte im Gespräch aus unterschiedlichen Überzeugungen?
- Lassen sich im **Verlauf des Gesprächs Entwicklungen** feststellen?

Da Beziehungen von zwei Seiten abhängen und sich sehr dynamisch entwickeln können, ist es hilfreich, zu deren Beschreibung **geeignete Gegensatzpaare** im Hinterkopf zu behalten. Diese Paare bilden die ganze Bandbreite eines Beziehungsaspekts ab und ermöglichen so die Differenzierung eines bestimmten Gesichtspunkts.

Nähe	⟷	Distanz
Zuneigung	⟷	Ablehnung
Offenheit	⟷	Zurückhaltung
Dominanz	⟷	Ausgeglichenheit
Dynamik	⟷	Statik

2.6 Sprachlich-stilistische Besonderheiten betrachten

Sowohl bei dramatischen als auch bei epischen Texten müssen die **sprachlich-stilistischen Besonderheiten** berücksichtigt werden. Rufen Sie sich dabei ins Bewusstsein, dass neben besonderen Stilmitteln auch Wortwahl und Satzbau untersucht werden können.

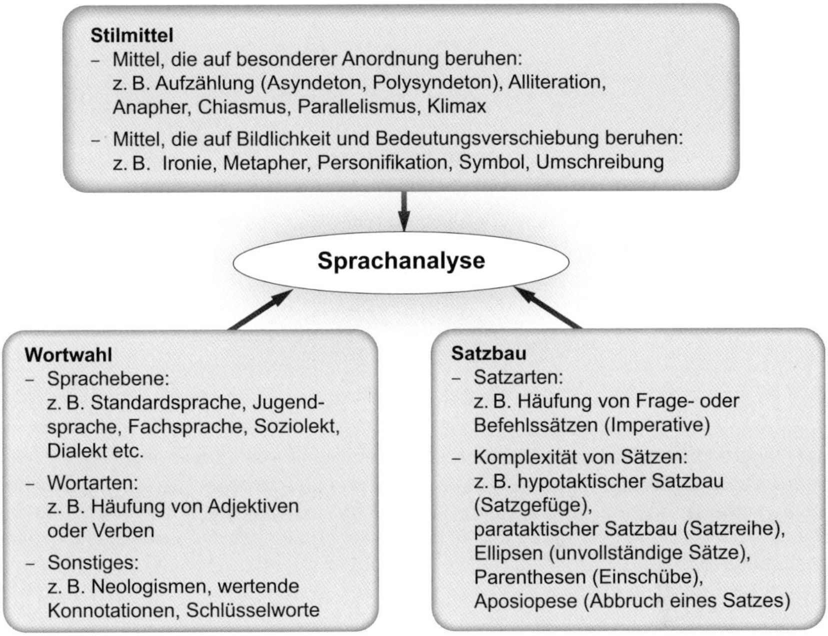

Das sprachliche Merkmal sollte dabei kurz **beschrieben** werden. Vergessen Sie nicht, die entsprechende **Textstelle anzugeben** (mittels direkter oder indirekter Zitate) und Ihre Beobachtung zu deuten, z. B. in Bezug auf das jeweilige Charaktermerkmal oder den Gesprächsverlauf.

2.7 Ein Motiv analysieren

In der Literatur ist das **Motiv** ein bewusst gestaltetes und situationsgebundenes Element. Dabei handelt es sich um ein **wiederkehrendes Grundelement** eines literarischen Textes, z. B. im Hinblick auf Zeit, Ort, Person und Charakter, Situation und Stimmung. Typische Motive in der Literatur sind beispielsweise:

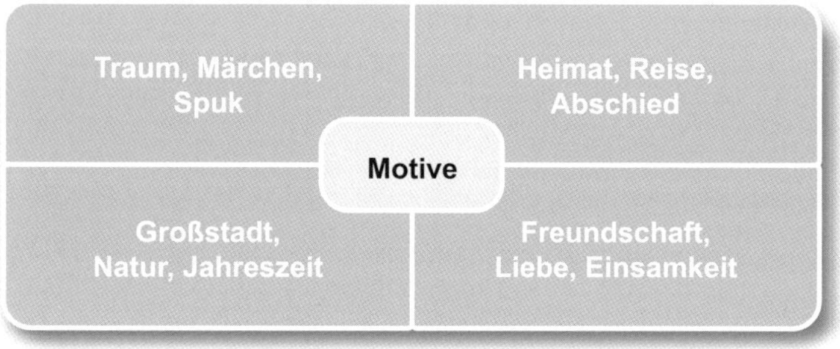

Folgendes Vorgehen bietet sich für die Abfassung einer Motivanalyse an:

In einer kurzen Einleitung geben Sie die wichtigsten **Informationen zum Motiv**. In der Regel erhalten Sie hierzu Zusatzmaterial. (Beispielsweise gehören zum Motiv der *verführten Unschuld* folgende Merkmale: junge und unerfahrene Frau, einflussreicher Mann, sexueller Kontakt durch Verführung des Mannes, gesellschaftliche Ächtung der Frau.) Anschließend stellen Sie unter Berücksichtigung der Aufgabenstellung eine passende **These** auf (= Überleitung in den Hauptteil der Motivanalyse). Im Folgenden kommt es darauf an, die einzelnen **Merkmale des Motivs auf den Haupttext zu beziehen** (Reißverschlussprinzip). D. h., Sie versuchen, ein allgemeines Merkmal im Haupttext zu finden und damit die These zu bestätigen oder zu widerlegen. Auch hier soll nach einer argumentativen Struktur vorgegangen werden:

- **These:** Nennen des allgemeinen Merkmals und Übertragung/Anpassung auf den vorliegenden Text
- **Begründung:** Aufzeigen, ob bzw. inwiefern das genannte Merkmal im Haupttext ausgeprägt ist
- **Belege/Beispiele:** Anführen direkter und indirekter Zitate

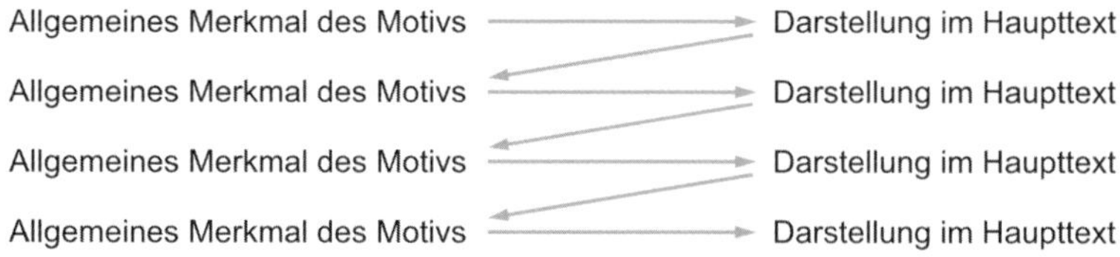

In einem **kurzen Fazit** fassen Sie die Ergebnisse zusammen und beantworten die Frage, ob die anfangs aufgestellte These bestätigt oder widerlegt wurde.

2.8 Ein Motiv vergleichen

Neben einer reinen Analyse kann auch ein **Vergleich** gefordert werden, bei dem zu prüfen ist, **wie ein Motiv in zwei Texten umgesetzt** wurde. In der Einleitung führen Sie zum Motivvergleich durch Benennung und Erklärung des Motivs hin (z. B. durch eine Definition, eine historische Einordnung oder durch Aufzeigen der Aktualität des Motivs). Anschließend stellen Sie geeignete Vergleichsaspekte in Form einer argumentativen Struktur kontrastierend dar. Dabei können Sie sowohl auf **Gemeinsamkeiten** als auch auf **Unterschiede** eingehen.

Ein Aufbauschema für die Analyse könnte sein:

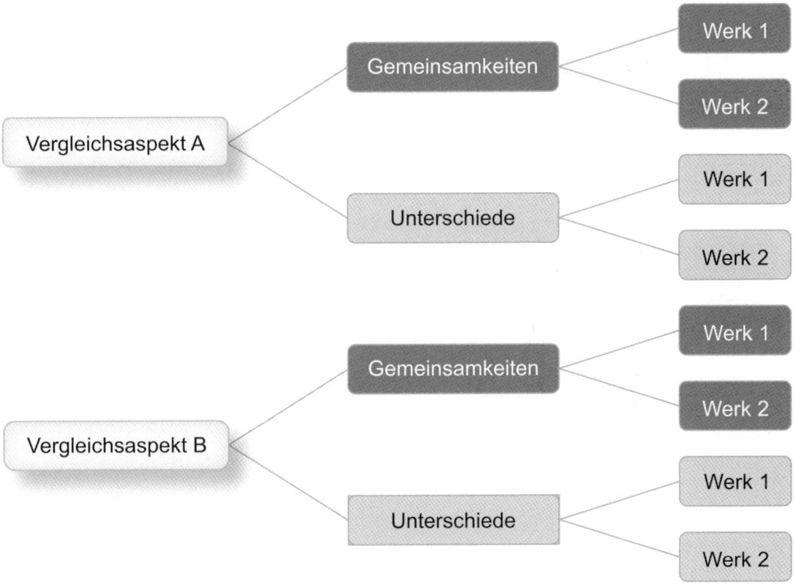

In Ihrem **Gesamturteil** stellen Sie fest, ob die anfangs aufgestellte These bestätigt oder widerlegt wurde. Zudem könnten Sie bewerten, ob das Motiv in dem Text, der interpretiert werden soll, auf traditionelle Weise oder eher unkonventionell aufgegriffen wurde.

ÜBUNGSAUFGABEN

MATERIALGESTÜTZTES ARGUMENTIEREN

Aufgabenstellung

a Analysieren Sie, wie die Autorin Kathrin Passig ihre Position argumentativ entwickelt. Berücksichtigen Sie dabei auch ausgewählte sprachliche Mittel.

b In Ihrer Heimatgemeinde sind Gerüchte laut geworden, dass die örtliche Bibliothek aus finanziellen Gründen schließen muss. Verfassen Sie für Ihre Heimatzeitung einen Kommentar, in dem Sie sich zum Thema „Bibliotheken als Auslauf- oder Zukunftsmodell in der digitalen Gesellschaft“ positionieren.

Nutzen Sie dazu den Text sowie die folgenden Materialien und beziehen Sie eigene Erfahrungen und eigenes Wissen ein. Wählen Sie eine geeignete Überschrift. Ihr Kommentar sollte etwa 800 Wörter umfassen. Der Schwerpunkt der Gesamtaufgabe liegt bei Teilaufgabe b).

Text **Kathrin Passig: Die Zukunft des Papierverleihs**

Bibliotheken sind Papiermuseen. Wenn sie sich nicht bald grundsätzlich wandeln, haben sie kaum noch eine Existenzberechtigung. Was sie können, kann das Internet besser. Ein Kommentar von Kathrin Passig

Auf der Frankfurter Buchmesse saß ich mit Frank Simon-Ritz, dem Vorsitzenden des Deutschen Bibliotheksverbands, auf einem Diskussionspodium. Es ging um die Zukunft der Bibliotheken, und eigentlich wollte ich mich nicht wieder dazu verleiten lassen, unmanierlich den Untergang alles Papierenen zu prophezeien. […] Stattdessen lief es dann doch wie immer.

Ich bin überzeugt, dass interessante Diskussionen über die Funktionen der Bibliothek als Ort möglich sind. Aber um sie zu führen, müsste man sich damit auseinandersetzen, dass Bibliotheken ein Problem lösen, das in dieser Form nicht mehr existiert. Die flächendeckende Grundversorgung mit Unterhaltungs- und Bildungsmaterialien zu einem symbolischen Preis hat das Internet übernommen. Statt gemeinsam zu überlegen, wie unter diesen Bedingungen die Zukunft aussehen könnte, verschwenden wir unsere Zeit und die der Zuhörer immer wieder mit den gleichen Rückzugsgefechten.

Dass man in einer Bibliothek Zufallsfunde machen könne, im Internet aber nur das finde, wonach man konkret gesucht habe, ist eine der häufigsten Rechtfertigungen für Regale voller Papier. Steven Johnson, der Autor von *Everything Bad is Good For You,* schrieb darüber schon 2006 unter dem Titel *Can We Please Kill this Meme Now:* „Ich mache unendlich viel mehr seltsame, ungeplante Funde als damals in der

Unibibliothek. Das Stöbern in der Bibliothek ist eins der überschätztesten und missbrauchtesten Beispiele im Kanon der Sachen-die-früher-so-viel-besser-waren. […] Das Vernetzungskonzept des Hypertext und die hungrige Suche der Blogosphäre nach Neuem machen das Web zur großartigsten Zufallsfundmaschine der Kulturgeschichte. Man stolpert vor dem Browser so viel leichter über irgendwas Brillantes, Überraschendes als beim Betrachten von Bücherrücken in der Bibliothek."

Man könnte einwenden, dass Stephen Johnson und ich an das Stöbern im Netz gewohnt seien, während andere Menschen eben das Betrachten realer Regale vorzögen. Die Wahl der Stöbertechnik sei Geschmackssache, die Verfahren technisch gleichwertig. Ich gebe zu, dass ich da voreingenommen bin, aber ich bin auch alt genug, um die Suche in Papierbibliotheken aus eigener Anschauung zu kennen. In einer Papierbibliothek können Nutzer die Buchrücken betrachten, Zufallsstichproben nehmen und ein Schlagwortverzeichnis durchsuchen. Digitale Bibliotheken – in Ermangelung einer öffentlichen digitalen Volltextbibliothek kann man sich näherungsweise das Internet vorstellen – bieten eine Volltextsuche durch alle Texte.

[…] An dieser Stelle der Diskussion gibt es für Anhänger der Papierrecherche zwei Möglichkeiten: Entweder berufen sie sich darauf, dass die Papierbibliothek eine größere Informationsfülle biete, „das finden Sie doch alles gar nicht im Netz". Oder aber die Papierbibliothek sei gerade wegen ihrer geringeren Informationsfülle überlegen: Im Internet sei einfach zu viel drin. Die Argumente widersprechen sich nicht nur, jedes für sich ist problematisch.

Das erste impliziert, dass das Material im Netz für immer nur eine Teilmenge des in Bibliotheken vorhandenen Materials sein wird. Das ist schon heute nicht der Fall. […]

Das zweite, umgekehrte Argument, das Internet müsse durch Fachleute gefiltert werden, bis nur noch eine erträgliche Menge übrigbleibe, ist ebenfalls schwierig. Auch der Internetnutzer hat es nie mit dem unsortierten Ganzen zu tun. Inhalte im Netz werden auf vielfältige Weise gefiltert und aufbereitet, die Algorithmen der Suchmaschinen sind nur eine davon. Ob im Umgang mit Papier oder mit digitalen Inhalten, es gibt hier wie dort zu viel von allem, und auch die Lösungsansätze gleichen sich. Googles PageRank-Algorithmus ist ein enger Verwandter der Rankingsysteme, mit denen in der Wissenschaft Textmengen handhabbar gemacht werden. Nebenbei steckt in diesem Argument die Idee einer zuverlässigen Auswahl nur des Guten, Wahren und Schönen. Wenn sie ernst gemeint wäre, müsste man über die dahinterstehende Idee der Volkserziehung und über Auswahlstrategien reden, aber vermutlich gibt es sowieso keine Bibliothek, in der nicht mehrere Exemplare von *Shades of Grey*[1] herumstehen.

Wenn die Zeit ausreicht, um von den such- und findetechnischen Argumenten zu den sozialen zu gelangen – und auch diese Runde drehten wir in unserer Buchmessendiskussion –, geht es um Bibliotheken als „niedrigschwelligstes Kulturangebot". Bibliotheken sind dann niedrigschwellig, wenn man in ihrer Nähe wohnt, nicht in seiner Mobilität eingeschränkt ist, lesen kann, generell damit vertraut gemacht worden ist, dass eine Bibliothek nicht beißt, und sich in einem Umfeld bewegt, in dem das Aufsuchen solcher Orte nicht als albern gilt.

Das Internet ist dann niedrigschwellig, wenn man Zugang zu einem internetfähigen Gerät hat und nicht glaubt, dass das Internet seine Nutzer ausraubt und verdirbt. Zum Abbau der übrigen Hürden ist mittlerweile nur noch in Ausnahmefällen (Seniorenheime, spezielle Rechercheanforderungen) gesonderte Ermutigung erforderlich. Warum die Bibliothek und nicht das Internet das niedrigschwelligere Kulturangebot sein soll, ist zumindest begründungsbedürftig.

[...] Es ist schön, dass es öffentliche Orte gibt, die so vielfältige Nutzungsmöglichkeiten eröffnen wie Bibliotheken, ohne dass man im Gegenzug auch nur einen Kaffee bestellen müsste. Aber in einem Paralleluniversum, in dem öffentliche Bibliotheken nie eingeführt worden sind, dürfte es heute schwerfallen, plausible Gründe für die Einführung solcher Einrichtungen zu benennen. Dass gerade allenthalben prestigeprächtige Megabibliotheken gebaut werden, ist kein Gegenargument, denn dahinter stehen etablierte Argumentations- und Finanzierungsstrukturen. Die Steuerzahler des Paralleluniversums würden fragen, ob man nicht stattdessen direkt Coworkingspaces, Veranstaltungsorte, Digitalisierungsprojekte oder eine private Internet-Grundversorgung für Bedürftige fördern und die großen Gebäude mit dem Papier weglassen könnte.

Weglassen ist überhaupt ein heikles Thema: Ich habe noch in keiner Diskussion Überlegungen dazu gehört, welche Funktionen von Bibliotheken in Zukunft entfallen könnten. Es geht immer nur um die Einführung neuer Aufgaben; ausnahmslos alles, was Bibliotheken bisher geleistet haben, ist „in Zukunft wichtiger denn je".

Ich bin nicht so vertraut mit den internen Diskussionen der Bibliotheksbranche. Vielleicht ist man dort längst gedanklich viel weiter, als ich es bei Podiumsdiskussionen erlebe. Falls das so ist, würde ich mir wünschen, dass sich dieses Umdenken in der öffentlichen Diskussion stärker niederschlägt. Dann könnte ich auf Podien auch mal was Interessanteres sagen als immer nur: „Aber das kann das Internet doch besser."

Quelle: http://www.zeit.de/digital/internet/2013-11/passig-bibliotheken-internet; Zeit-Online vom 4. 11. 2013; für didaktische Zwecke gekürzt.

Anmerkung:

1 „Fifty Shades of Grey" ist der Name einer erotischen Roman-Trilogie, die in den Jahren 2011 und 2012 veröffentlicht wurde. Obwohl die Trilogie nach Verkaufszahlen eine der größten Bucherfolge der letzten Jahre ist, wurde sie in den Kritiken meist negativ besprochen.

Material 1 Karikatur

© *Heiko Sakurai*

Material 2 Carolin Gasteiger: Lest nicht, begegnet euch!

Bibliotheken sind der ideale Ort des 21. Jahrhunderts – aber nur, wenn sie mehr sind als reine Bücheraufbewahrungsorte.

In einer Ecke, gleich beim Eingang, inszenieren zwei ältere Männer und eine Dame das perfekte Klischee-Symbolbild für den Begriff „Bibliotheken". Im Tweedsakko sitzen sie eingepfercht zwischen Aufzugschacht und Treppenhaus, die Lesebrillen auf den Nasen, die Zeitungen in den Händen. Mehr Inspektion als Lektüre. Man hat sich das im Vorurteilshirn ja genau so ausgemalt, als man an einem Winternachmittag in der Stadtbibliothek im Münchner Gasteig[1] vorbeischaut: In Bibliotheken trifft man auf älteres, weißes Bildungsbürgertum. Ein Nischenpublikum, vom Aussterben bedroht. Letzte Bewohner eines ohnehin sterbenden Biotops. Wenn jeder im Smartphone recherchieren kann, wer braucht dann noch Bibliotheken?

Aber das ist die falsche Frage. Eine bessere: Wie sollen Bibliotheken künftig aussehen? Eine realistischere: Wie nicht? Im Gasteig etwa stehen unbequeme Stühle verloren auf dem grauen Teppich. Kaffee gibt es im Pappbecher, an einer Säule steht ein Automat. In den Stadtteil-Filialen ist es nicht viel einladender. In einer versperren kurz nach dem Betreten grün lackierte Stahlregale die Sicht. Die Rubriknamen der Bücher – Philosophie, Religion, Autoren A–Z – stehen auf ausgedruckten Papierzetteln. In vielen Regalen klaffen große Lücken. Manche stehen leer an der Wand, als wollten sie in den Arm genommen werden. Es gibt schließlich wenig, das so traurig, nutzlos und bemitleidenswert aussieht wie ein leeres Regal in einem großen Raum. [...]

Menschen suchen etwas anderes in der Bibliothek: einen Ort, an dem sie nicht nur Wissen finden, sondern auch Unterhaltung, Orientierung, Austausch. Sie wollen kostenlos im Internet surfen, sich verabreden, vielleicht eine Lesung besuchen, Diskussionsrunden verfolgen oder einfach nur Zeit totschlagen. Freiberufler können in Bibliotheken Arbeitsplätze finden, Geflüchtete kostenloses WLAN und einen Aufenthaltsort, für den in überfüllten Notunterkünften oft kein Platz ist. Aber nicht nur Geflüchtete brauchen so einen Raum. Die Soziologie kennt den Begriff des „Dritten Ortes". Öffentliche Plätze, die neben der eigenen Wohnung (erster Ort) und dem Arbeitsplatz (zweiter Ort) aufgesucht werden. Cafés, Vereine, Konzertsäle. Und Bibliotheken. [...]

Apple hat das schon erkannt. Natürlich. Deshalb kündigte der Konzern kürzlich an, seine Läden zu sogenannten „town squares" auszubauen, in denen Menschen nicht nur konsumieren, sondern sich auch aufhalten sollen. Manager können dort Workshops abhalten, Interessierte können deren Vorträge verfolgen. Eine Art Parallelöffentlichkeit technikaffiner Apple-Jünger, die sich auch bald in Europa etablieren könnte. Anders gesagt: Volksaustausch unter einem Markenlogo. [...]

Bibliotheken hingegen stehen allen offen, ohne Eintritt. Hier gibt es alles, was unsere Zeit ausmacht: Wissen, Teilen und Begegnung. Ein idealer Ort für die Demokratie also. Professor Rudolf Hickel vom Institut für Arbeit und Wirtschaft formuliert es so: „Bibliotheken sind neben Parks die wahren öffentlichen Räume in unserer Gesellschaft."

Lässt man die älteren Zeitungsleser im Gasteig hinter sich und geht ein paar Schritte weiter auf die große Fensterfront vor den Bäumen zu, wandelt sich der anfängliche Eindruck eines verstaubten Ortes fürs Bildungsbürgertum. Eine ältere Dame und ein junger Mann dunklerer Hautfarbe brüten über einem Papierstapel. Ein paar Mädchen mit Kopftuch hören über Kopfhörer Musik, ein junger Mann ist auf seinem Stuhl eingenickt, ein anderer hat seine Schuhe ausgezogen, die Füße hochgelegt und schaut auf seinem Laptop einen Film. Ein Stockwerk höher sitzen drei Jungs, die Jacken hinter sich auf die Sessel gepfeffert, und spielen Fußball auf dem großen Bildschirm. Hier treffen tatsächlich Menschen unterschiedlichster Herkunft zusammen, mit unterschiedlichsten Interessen und Absichten.

In Skandinavien ist man schon einen Schritt weiter. Als Vorbild für eine moderne und zukunftsgewandte Bibliothek gilt Dokk1 im dänischen Aarhus. Bücher sind hier nur in Nebenräumen vorhanden. Vor allem stehen den Nutzern 18 000 Quadratmeter freier Raum zur Verfügung. Je nach Bedarf können Trennwände aufgestellt werden, um etwa Nähkurse oder andere Workshops zu veranstalten. In einem eigenen Bereich können Kinder Bücher entdecken – oder einfach nur spielen. [...]

Im holländischen Gouda steht die Chocoladefabriek, ein Areal, das Bibliothek, Restaurant, Arbeitsplätze und Volkshochschule an einem Fleck vereint. Und das von vornherein mit all diesen Komponenten geplant wurde. Im Gasteig gibt es auch ein Café, die Bücherei, die Volkshochschule. Aber alles abgeschlossen nebeneinander.

Nicht als integrativer Aufenthaltsort. Im finnischen Helsinki wird dagegen sichtbar, wie Besucher ihre Bibliothek mitgestalten können. […] Als klar war, dass eine neue Bibliothek gebaut werden soll, konnten die Bürger über den Namen abstimmen […]. Und auch darüber, was sie lesen wollen. Bald wird es dort eine eigene Sparte über Saunaliteratur geben. […]

Was also vor allem zählt in Bibliotheken, ist der Raum. Und dessen Offenheit und Flexibilität. Bibliothekare werden eher zu Gastgebern oder Moderatoren, die Besuchern Ideen präsentieren, die ihnen den Raum und das Wissen für Austausch und Begegnung zur Verfügung stellen. Und die Besucher können ihre Bibliothek mitgestalten, ihr Wissen kommt den Häusern zugute. Im Gasteig würde man jetzt schon gern mehr machen, allerdings behindert die Architektur des alten Gebäudes die Neuerungen. Individuell abteilbare Flächen, offene Räume oder mehr Licht sind momentan nicht drin. Aber bald wird neu gebaut. Wenn diese Schleife aus Innovation und Teilhabe erst einmal funktioniert, lässt sich aus der Institution bald auch ein Verb machen, wie es der holländische Bibliothekar und Berater Rob Bruijnzeels vorschlägt. „Wir bibliotheken“ versteht öffentliche Bibliotheken nicht bloß als Angebot, sondern als Aktivität.

Die Alternative sind die großen Konzerne. Apple und Google hätten begriffen, dass sie die physische Welt nach wie vor brauchen, um ihre digitalen Produkte verkaufen zu können, sagt Barbara Lison, Bundesvorsitzende des Deutschen Bibliotheksverbandes. Nicht umsonst seien Apple-Stores in attraktiver Innenstadtlage so hell und freundlich gestaltet. Natürlich können solch hippe „town squares“ viele deutsche Bibliotheken an Attraktivität übertreffen. Allerdings, so Lison, könnten sie andererseits auch dazu führen, dass die Politik hierzulande umdenke und Bibliotheken endlich größere Bedeutung einräume. […]

Quelle: Carolin Gasteiger: Reportage: „Lest nicht, begegnet euch!“, https://www.sueddeutsche.de/kultur/zukunft-von-bibliotheken-lest-nicht-begegnet-euch-1.3895378, veröffentlicht am 8. 3. 2018; für didaktische Zwecke gekürzt.

Anmerkung:

1 Der Gasteig ist ein kulturelles Zentrum in München, in dem sich neben Konzertsälen und einer Volkshochschule auch die Münchner Stadtbibliothek befindet.

Material 3 Deutsche Bibliotheksstatistik – Vergleich von 2007 und 2017

Gesamtauswertung		Öffentliche Bibliotheken	Wissenschaftliche Bibliotheken	Bibliotheken insgesamt
Zahl der Bibliotheken (Standorte)	2007	10 365	801	11 166
	2017	8 873	696	9 569
Bestand Medien insgesamt (Mio.)	2007	126	230	357
	2017	115	251	366
Entleihungen Medien insgesamt (Mio.)	2007	363	94	456
	2017	346,03	75,12	421,15
Stellen lt. Stellenplan	2007	12 327	11 752	24 079
	2017	11 436	11 419	22 855
Ausgaben insgesamt (Mio. €)	2007	826	799	1 625
	2017	1 000	933	1 933

Quellen: eigene Darstellung nach: https://wiki1.hbz-nrw.de/download/attachments/99811333/dbs_gesamt_dt_2007.pdf?version=1&modificationDate=1506494918854, https://wiki1.hbz-nrw.de/download/attachments/99811333/dbs_gesamt_dt_2017.pdf?version=1&modificationDate=535445536618; für didaktische Zwecke wurden die Daten in einer gemeinsamen Grafik dargestellt und gekürzt.

Anmerkung: Die DBS erhebt trotz einer hohen Beteiligungsquote keinen Anspruch auf Vollständigkeit, da die Teilnahme freiwillig erfolgt. Die DBS ist eine Dienstleistung des hbz (Hochschulbibliothekszentrum des Landes Nordrhein-Westfalen) im Rahmen des Kompetenznetzwerks für Bibliotheken (KNB).

Lösungsvorschlag

a **TIPP** **Analyse der Argumentation**

Die erste Teilaufgabe trägt **analytischen Charakter**, da Sie sich hier mit Inhalt, Aufbau und Sprache des Ausgangstextes auseinandersetzen müssen. Zunächst sollen Sie die **Position der Autorin** darlegen und dabei auch **sprachliche Mittel** berücksichtigen. Grundsätzlich gibt es hier **zwei Möglichkeiten:** Entweder Sie gehen **abschnittweise** vor und führen Bemerkungen zum Argumentationsaufbau und zur Sprache zusammen. Oder aber Sie besprechen **beide Aspekte nacheinander**. Die erste Variante hat den Vorteil, dass einzelne Abschnitte eingehend besprochen und Wiederholungen auf inhaltlicher Ebene vermieden werden. Es besteht aber auch die Gefahr, dass zu viele Textbeobachtungen aus verschiedenen Bereichen nebeneinandergestellt werden und Ihre Lösung damit an Kontur verliert. Daher wurde bei der vorliegenden Lösung die zweite Variante gewählt. Wenn Sie die Argumentation der Autorin nachvollziehen, kommt es nicht nur darauf an, die **Kernaussagen des Textes** zu paraphrasieren, sondern Sie sollen auch zeigen, **wie sie ihre Argumentation entwickelt**.

Bei der Untersuchung der sprachlichen Mittel sollten Sie sich zunächst bewusst machen, welche **übergeordneten Absichten** die Autorin auf dieser Ebene verfolgt. Darauf können Sie auch einzelne Textbeobachtungen beziehen. Beachten Sie, dass der Schwerpunkt der Aufgabenstellung auf dem zweiten Teil, dem Verfassen eines Kommentars, liegt, sodass Sie nur auf **ausgewählte und besonders aussagekräftige sprachliche Mittel** eingehen sollten.

Ein **Basissatz**, der die wichtigsten Angaben zum Text enthält (Autorin, Textsorte, Titel, Quelle, Erscheinungsdatum, Thema, Kernaussagen), dient als Hinführung zu Ihrer Analyse.

Basissatz
Autorin, Textsorte, Titel, Quelle, Datum, Thema, Kernaussagen

In ihrem Kommentar „Die Zukunft des Papierverleihs", der am 4. 11. 2013 im Magazin Zeit-Online erschienen ist, setzt sich Kathrin Passig mit der **Zukunft von Bibliotheken im digitalen Zeitalter** auseinander. Darin zeigt die Verfasserin das Kernproblem der Bibliotheken auf, nämlich deren Funktionsverlust als Folge der Informationsbeschaffung über das Internet. Passig ist der Auffassung, dass Vorzüge, die Bibliotheken bei der Recherche oder in kultureller Hinsicht bieten, auch und sogar noch in verstärktem Maße für das Internet gelten würden. Daher fordert sie unter anderem, Projekte zur Digitalisierung zu fördern, statt in den Bau neuer Bibliotheken zu investieren.

Analyse der Argumentation
Klärung des Standpunkts

Kathrin Passig schildert am Beginn ihres Kommentars ein persönliches Erlebnis auf der Frankfurter Buchmesse. Wider Willen sei sie dort als Teilnehmerin in die Rolle der kompromisslosen Kritikerin von Bibliotheken gedrängt worden (Z. 1–5). Damit gibt sie deutlich ihren **kritischen Standpunkt** in der Frage nach der Zukunftsfähigkeit von Bibliotheken zu erkennen.

Infragestellen vermeintlicher Recherchevorteile in Bibliotheken

Im Folgenden (Z. 6–12) zeigt die Verfasserin das **Kernproblem der Bibliotheken in der Gegenwart** auf. Informationen zu Unterhaltungs- oder Bildungszwecken werden heute primär über das Internet bezogen. Ein großer Teil der folgenden Argumentation zielt darauf ab, **Vorteile, die Bibliotheken bei der Recherche im Vergleich zur Suche im Internet vermeintlich bieten, infrage zu stellen**. Zunächst betont Passig, Zufallsfunde seien viel eher im Internet als in Bibliotheken möglich (Z. 13–23). Daneben sei das Stöbern im Netz und in Bibliotheken nicht als gleichwertig zu betrachten, da die Volltextsuche im Internet die Recherchemöglichkeiten in Bibliotheken bei Weitem übertreffe (Z. 24–32). Auch die Behauptung, Bibliotheken würden die größere Informationsfülle bieten, lässt die Verfasserin nicht gelten, denn prinzipiell seien alle Inhalte ebenso im Netz zu finden (Z. 33–40). Schließlich übt Passig Kritik am Argument, die besseren Suchergebnisse seien in Bibliotheken zu erzielen. Sie wendet ein, dass auch die Funde im Netz bereits gefiltert seien (Z. 41–53).

Entkräften des kulturellen Arguments für Bibliotheken

Auch in der folgenden Einheit (Z. 54–66) zieht die Autorin **Argumente, die für die Bibliotheken sprechen, in Zweifel**. Dabei geht es vor allem um deren **kulturelle Funktion**. Passig ist der Meinung, dass nicht Bibliotheken ein niedrigschwelliges Angebot zur Teilhabe am kulturellen Leben darstellten, sondern das allen zugängliche Internet.

Fazit

Daher zieht die Verfasserin den Schluss, dass **öffentliche Gelder nicht in den Bau neuer Bibliotheken**, sondern in Digitalisierungsprojekte sowie in die Einrichtung zeitgemäßer Veranstaltungsorte und Arbeitsumfelder investiert werden sollten (Z. 67–76).

Forderung an Diskussionsteilnehmer

Am Ende (Z. 77–85) **knüpft Passig an den Einstiegsgedanken ihres Kommentars an**. Von Vertretern der Bibliotheksbranche wünscht sie sich, dass diese in öffentlichen Diskussionsrunden den Funktionsverlust von Bibliotheken stärker einräumen.

sprachliche Mittel

Gewogenheit der Leser sichern: Ich-Perspektive, Formulierungen im Konjunktiv

Kathrin Passig macht bei ihrer Argumentation von verschiedenen sprachlichen Mitteln Gebrauch, um von ihrem Standpunkt zu überzeugen. Zunächst versucht sie, die **Sympathien der Leser auf ihre Seite zu ziehen**. Zum einen wählt sie zu Beginn des Kommentars die **Ich-Perspektive** und schafft dadurch ein Identifikationspotenzial. So lässt man sich eher auf ihre Position ein, auch wenn man zu jenen Personen gehört, die Bibliotheken eine große Wertschätzung entgegenbringen. Zum anderen schlüpft die Autorin in die **Rolle der unfreiwilligen Kritikerin**, um dem Vorwurf, hartherzig und kompromisslos zu sein, zu entgehen (vgl. Z. 3 f.). Auch am Ende des Kommentars verfolgt Passig diese Strategie, wenn sie ihre Kritik an Vertretern der Bibliotheksbranche in Form eines persönlichen **Wunsches, der vorsichtig im Modus des Konjunktivs geäußert wird**, formuliert (vgl. Z. 83 f.).

Schärfen der Position durch sachliche Argumentation und Spott:

Fachsprache, klare Kennzeichnung der Gegenposition

Während die Autorin am Anfang und am Ende des Kommentars einen moderaten Ton anschlägt, argumentiert sie im Hauptteil des Textes mit einer **Mischung aus sachlichem Ton und beißendem Spott**. Auf sachlicher Ebene demonstriert Passig ihre Medienkompetenz. So gibt sie sich als Expertin für Digitales zu erkennen, indem sie **Fachausdrücke** aus dem Englischen verwendet. Sie erklärt beispielsweise, dass bei der Ordnung von Suchergebnissen ein „PageRank-Algorithmus" (Z. 47) zum Einsatz kommt, und spricht bei der Gestaltung von Arbeitsplätzen der Zukunft von „Coworking-spaces" (Z. 74). Zur Sachlichkeit ihrer Argumentation trägt auch bei, dass die Verfasserin **Gegenpositionen klar durch den Gebrauch des Konjunktivs kennzeichnet** (vgl. u. a. Z. 13 ff., 24 ff., 35 ff.) und es den Lesern erleichtert, durch strukturierende Wendungen ihrem Gedankengang zu folgen („Man könnte einwenden", Z. 24; „An dieser Stelle der Diskussion", Z. 33; „Das zweite, umgekehrte Argument", Z. 41).

Ironie und Spott

Ihre ablehnende Haltung gegenüber traditionellen Bibliotheken bringt Passig aber auch durch **Ironie und abwertende Begriffe** zum Ausdruck. Beinahe verächtlich **umschreibt** sie Bibliotheken als Orte „des Papierverleihs" (Überschrift) oder als „Regale voller Papier" (Z. 15). Bibliotheken, die nach wie vor in erster Linie dem Verleih von Büchern dienen, bezeichnet die Autorin wiederholt als „Papierbibliotheken" (Z. 28, vgl. auch Z. 29, 34, 36). Das Papier steht dabei als **Pars pro Toto** für Bücher. Mit der Reduzierung von Büchern auf das Material gibt die Autorin zu erkennen, dass sich der Wert von gedruckten Büchern im digitalen Zeitalter ihrer Meinung nach auf das Material beschränkt, aus dem sie gemacht sind. Das Argument, Bibliotheken würden einen einfachen Zugang zu Kultur ermöglichen, lässt die Verfasserin nicht gelten. Sie **zählt** mehrere Hürden **auf**, die dem Besuch einer Bibliothek im Wege stünden (vgl. Z. 56 ff.), und macht dadurch auf **ironische** Weise deutlich, wie wenig sie von diesem Argument hält. Nicht zuletzt aufgrund dieser Schärfe in der Sprache gewinnt die Position der Autorin an Kontur.

b **TIPP** **Verfassen eines Kommentars**

Für die Bearbeitung der Aufgabe werden Ihnen über den Ausgangstext hinaus weitere **Materialien bereitgestellt**, die Sie als Grundlage für die Argumentation nutzen sollten. Ein zentrales Bewertungskriterium ist, dass Sie sich eingehend und nachvollziehbar mit den Materialien auseinandersetzen. Das heißt nicht, dass Sie alle Informationen oder Argumente aufgreifen müssen, aber es sollte in jedem Fall deutlich werden, dass Sie die **Kernaussagen jeweils erkennen und in den eigenen Text integrieren** können. Überzeugend wird Ihr Schreiben aber auch dadurch, dass Sie **Ihr Wissen und Ihre Erfahrungen** einbringen.

Bei der Übungsaufgabe geht es um die **aktuellen Entwicklungen im Bibliothekswesen**, das in der Ära der Digitalisierung eine Zeitenwende erlebt. Machen Sie sich zunächst das **genaue Thema** klar. Der situative Kontext gibt vor, dass möglicherweise die örtliche Bibliothek aus finanziellen Gründen geschlossen werden soll. Nehmen Sie das zum konkreten Anlass Ihres Kommentars. Dann müssen Sie sich damit auseinandersetzen, ob Bibliotheken in einer digitalisierten Welt eine Zukunft haben oder nicht – in anderen Worten: Welche Gründe gibt es für die Schließung von Bibliotheken? Braucht man Bibliotheken heutzutage überhaupt noch? Und wenn ja, warum? Evtl. in veränderter Form? Die einzelnen **Texte und Materialien** enthalten sowohl Informationen als auch Standpunkte zu diesen Fragen. Untersuchen Sie deshalb die Quellen und legen Sie eine **Sammlung von Aussagen und Informationen** zum Thema an. Parallel dazu können Sie erste eigene Ideen notieren. Um am Ende zu einem eigenen Standpunkt gelangen zu können, bietet es sich an, zunächst eine **Übersicht** in Form einer **Pro-und-Kontra-Tabelle** zu erstellen: Welche Argumente werden angeführt, um die altehrwürdige Tradition der Bibliothek zu erhalten? Welche Gegenargumente finden sich in den Materialien?

Nach der Beschäftigung mit den Materialien und dem **Notieren weiterer Assoziationen** zum Thema können Sie Ihren **eigenen Standpunkt festlegen**. Möchten Sie eher die These unterstützen, dass das Internet Bibliotheken überflüssig macht, oder die gegenteilige Meinung vertreten?

Die Aufgabenstellung gibt vor, diese Entscheidung in Form einer subjektiv gefärbten Stellungnahme, eines **Kommentars**, zu treffen. In diesem können Sie durchaus beide Seiten des Themas, also Pro und Kontra, argumentativ beleuchten, jedoch aus einer **persönlichen Haltung** heraus, so wie dies Kathrin Passig tut. Sie wollen schließlich am Ende die Leser von Ihrem Standpunkt (Pro oder Kontra) überzeugen und dazu sollten die Leser die subjektive Betroffenheit des Schreibers erkennen. Zwar kann in einem Kommentar mit einer begrenzten Wortanzahl (800 Wörter entsprechen je nach Handschrift ca. drei Seiten Text) nicht jedes Argument breit ausgeführt werden, gerade deshalb muss man aber an den einzelnen Passagen besonders genau arbeiten. Das betrifft sowohl die Argumentationslinie als auch den sprachlichen Ausdruck.

Ändern, nicht schließen! – Warum wir Bibliotheken auch im 21. Jahrhundert brauchen

Überschrift

„Panta rhei", „alles fließt". Damit bringt der antike Philosoph Heraklit auf den Punkt, was jeder im eigenen Umfeld wahrnehmen kann: Alles ist einem Wandel unterworfen und nichts bleibt so, wie es ist. Telefonzellen sind verschwunden, Handys dagegen omnipräsent. Nicht Diesel, sondern Strom treibt die Autos der Zukunft an. Und vielleicht gehören bald auch Bibliotheken zu den Dingen, die es früher einmal gab. Die Anzeichen hierfür sind jedenfalls nicht zu übersehen.

Einstiegsgedanke

Gerüchten zufolge planen die politisch Verantwortlichen, die **Stadtbibliothek** zu **schließen**. Gründe dafür wurden noch nicht genannt, aber man kann sich leicht ausmalen, dass es wieder einmal um die Rendite geht: Das rechnet sich nicht mehr. Fast könnte man meinen, damit werde einem **allgemeinen Trend** gefolgt. Nach den Angaben der Deutschen Bibliotheksstatistik ging nämlich die Zahl der öffentlichen Bibliotheken zwischen 2007 und 2017 deutlich zurück: Knapp 1 500 Einrichtungen haben ihre Tore geschlossen. Dieser Abwärtstrend ist auch bei den wissenschaftlichen Bibliotheken zu beobachten – ein alarmierendes Zeichen!

Anlass für den Kommentar

Bezug zu M 3

Gründe für diese Entwicklung gibt es viele. Entscheidend ist die Digitalisierung. Das Bedürfnis nach Unterhaltung oder Information wird weniger in Bibliotheken als vielmehr im Internet gestillt. Vorbei die Zeiten, in denen man Bibliotheken aufsuchte, um DVDs oder CDs auszuleihen. Einfacher ist es, sein persönliches Unterhaltungsprogramm über Streamingdienste zu beziehen. Und wer zu einem bestimmten Thema Informationen einholen will, sei es beruflich oder privat, landet in 99 Prozent der Fälle zunächst auf einer Seite von Wikipedia und nicht in einer Bibliothek. Was Recherchezwecke angeht, verliert das gedruckte Buch also an Bedeutung. Bücher zum Anfassen – zumal in Bibliotheken – sind überflüssig geworden. Und wenn ihr einziger Zweck nur mehr der ist, dass sie einen Raum gemütlicher machen, kann man getrost auf sie verzichten.

Digitalisierung als Hauptursache für rückläufige Zahl an Bibliotheken

Bezug zu M 1 sowie zum Text

Lohnen sich für eine Kommune überhaupt die **kostspieligen Investitionen** in eine öffentliche Bücherei? Es geht ja nicht nur darum, ständig neue Bücher anzuschaffen, sie müssen auch betreut werden. Die Personalkosten werden ergänzt durch Erhaltungsmaßnahmen für die Gebäude und den Bestand. Erstaunlich ist, dass sich die Ausgaben für öffentliche Bibliotheken trotz der rückläufigen Zahl an Einrichtungen in den letzten Jahren erhöht haben. Im Jahr 2017

kontra Bibliotheken: hohe Kosten

Bezug zu M 3

beliefen sich die Kosten auf eine Milliarde Euro, knapp 200 Millionen Euro mehr als noch vor zehn Jahren.

Die **Notwendigkeit einer Bibliothek** kann allerdings nur beurteilen, wer sich Gedanken über deren **Kernaufgabe** macht. Seit der Antike sind Bibliotheken Orte des Weltwissens. Hier wurden die schriftlichen Aufzeichnungen der Gelehrten gesammelt und geordnet. Über mittelalterliche Bibliotheken und die berühmten Sammlungen europäischer Fürsten – Weimarbesucher kennen die Bücherschatztruhe der Herzogin Anna Amalia – bis zu den großen Nationalbibliotheken in Berlin, Paris oder London hat sich die Tradition fortgeführt. Was diese berühmten Institutionen im Großen leisten, bewirken die Büchereien in jeder Gemeinde im Kleinen: Sie ermöglichen jedem **Zugang zu den Wissensquellen unserer Kultur**.

Pro Bibliotheken:
Bewahren des kulturellen Erbes

Das kann man inzwischen auch im Internet alles nachlesen, tönen die Kritiker. Doch stimmt das wirklich? Tendenziell ist das Netz eine anonyme Maschine, die den Nutzer alleinlässt. Wer aber in eine Bibliothek geht, wird bedient, d. h. konkret **beraten**. Über den Tellerrand des Wikipedia-Eintrags hinaus werden dem Besucher Zugänge zu Informationen geboten, die sich eben nur hier auftun. In der **öffentlichen Bibliothek** sitzen echte **Fachleute**, die darin geschult sind, z. B. anfangs recht hilflosen Schülerinnen und Schülern zu zeigen, wie sie mit ihren Seminararbeiten weiterkommen.

Beratungsleistung als Service
Bezug zum Text

Das **Kerngeschäft** der Bibliothek ist die **Bereitstellung von Büchern und anderen Medien** und das funktioniert immer noch gut. Dafür gibt es einen entscheidenden Grund. Seit jeher sind Bibliotheken **Orte der Begegnung**. Ein Raum, in dem es zu zwischenmenschlichen Begegnungen kommt und der weder dem Zuhause noch dem Arbeitsplatz zuzuordnen ist – den Soziologen zufolge ist das ein „Dritter Ort“. Ein Indiz dafür, wie wichtig es ist, die Voraussetzung für zwischenmenschliche Begegnungen im öffentlichen Raum zu schaffen. Genau diese Funktion erfüllen Bibliotheken. Ob die Staatsbibliothek in München oder die kleine Bücherei in unserer Heimatgemeinde – immer geht es auch darum, Menschen zu treffen. Bibliotheken sind also nicht nur **Wissens-**, sondern auch **Kommunikationsräume**. Wer Onlinesucht beklagt und gleichzeitig Büchereien dichtmacht, begeht einen schweren Denkfehler!

Bibliotheken als Ort der Kommunikation
Bezug zu M 2

Ein Fehler wäre ebenfalls, die Digitalisierung zu einer Frage von Sein oder Nichtsein zu stilisieren. Vielmehr stellt sich die Frage, wie Bibliotheken attraktiver für ihre Nutzerinnen und Nutzer werden können. Wie das geht, verrät ein Blick nach Skandinavien. Hier verfolgt man vor allem zwei Strategien, um Büchereien zukunftsfähig zu machen: **Innovation und Teilhabe**. Innovation

Anpassung als Weg in die Zukunft
Bezug zu M 2

zeigt sich am Beispiel einer dänischen Bibliothek unter anderem darin, dass nur noch in einem kleinen Teil des Raumes Bücherregale zu finden sind. Der größere Teil der **Fläche kann flexibel genutzt werden**, um verschiedene Workshops durchzuführen. Was man unter Teilhabe versteht, wird in Helsinki deutlich. In der finnischen Hauptstadt **bestimmten die Bürgerinnen und Bürger** nicht nur den Namen der neu erbauten Bibliothek, sondern auch deren Angebot. Die Beispiele zeigen: Kreativität und Mut zu Veränderung sind Voraussetzungen dafür, Bibliotheken an gegenwärtige Verhältnisse anzupassen.

Plädoyer für den Erhalt der Stadtbibliothek

Ja, es stimmt: Alles fließt. Umso wichtiger ist es, Ankerpunkte im Strom der Zeiten zu finden. Bibliotheken sind solche Ankerpunkte. Sie halten fest, was sonst dem Vergessen anheimfällt, und sie sorgen für Vernetzung in Zeiten postmoderner Vereinzelung. Daher gilt es, **Bibliotheken nicht dicht, sondern attraktiv zu machen**. An unserer Stadtbibliothek könnte ein Exempel statuiert werden, wie das gelingen kann.

LYRIK

Aufgabenstellung

a Interpretieren Sie Robert Gernhardts Gedicht „Ebbe und Flut“ und beziehen Sie poetologische Aussagen des Lyrikers zum „komischen Gedicht“ (vgl. Material) an geeigneter Stelle ein.

b Vergleichen Sie Gernhardts Gedicht mit Johann Wolfgang von Goethes „Mailied“ im Hinblick auf die Form, die sprachlich-stilistische Gestaltung sowie die Gesamtaussage.

Text 1 Robert Gernhardt (1927–2006): Ebbe und Flut[1]

In meinem Kopf herrscht Ebbe,
in meinem Herzen Flut.
Kann dir nur eines sagen:
Ich bin dir ja so gut!
Ich bin dir – ja! – so gut, so gut,
ich bin – ja! – dir so gut!
Ja! Dir bin ich so gut, so gut!
Ja, ja! Ich bin dir gut, so gut,
so gut, so gut, so gut –
in meinem Kopf herrscht Ebbe …

Quelle: Robert Gernhardt: Wörtersee. Frankfurt am Main: S. Fischer Verlag 2003.

Anmerkung:

1 In der 1981 erschienenen Anthologie „Wörtersee“ fasste der Dichter und Zeichner Robert Gernhardt mehrere seiner Gedichte und Bildergeschichten zusammen. In dem Band ist auch das Gedicht „Ebbe und Flut“ enthalten.

Text 2 Johann Wolfgang von Goethe (1749–1832): Mailied (1771)

Wie herrlich leuchtet
Mir die Natur!
Wie glänzt die Sonne!
Wie lacht die Flur!

Es dringen Blüten
Aus jedem Zweig
Und tausend Stimmen
Aus dem Gesträuch

Und Freud und Wonne
Aus jeder Brust.
O Erd, o Sonne,
O Glück, o Lust,

O Lieb, o Liebe,
So golden schön
Wie Morgenwolken
Auf jenen Höhn,

Du segnest herrlich
Das frische Feld,
Im Blütendampfe
Die volle Welt!

O Mädchen, Mädchen,
Wie lieb ich dich!
Wie blinkt dein Auge,
Wie liebst du mich!

So liebt die Lerche
Gesang und Luft,
Und Morgenblumen
Den Himmelsduft,

Wie ich dich liebe
Mit warmen Blut,
Die du mir Jugend
Und Freud und Mut

Zu neuen Liedern
Und Tänzen gibst.
Sei ewig glücklich,
Wie du mich liebst.

Quelle: Dietrich Bode (Hrsg.): Deutsche Naturlyrik. Eine Auswahl. Stuttgart: Reclam 2012, S. 46–48.

Material **Robert Gernhardt: Zehn Thesen zum komischen Gedicht (2004, Auszüge)**

[…]

III. Das komische Gedicht erschöpft sich nicht im Lachen.

Anders als der Witz, der schnurstracks auf eine Pointe zumarschiert, deren Wirkung sich in einmaligem Gelächter entlädt, ist beim komischen Gedicht bereits der Weg das Ziel. Dieser Weg läßt sich auch dann nochmals mit Genuß zurücklegen, wenn der Leser oder Zuhörer weiß, worauf das Ganze hinausläuft. Um so aufmerksamer wird er sich den Schönheiten am Wegesrande zuwenden können.

IV. Das komische Gedicht braucht die Regel.

Komik lebt von vorgegebenen Ordnungssystemen, ganz gleich, ob die außer Kraft gesetzt oder lachhaft penibel befolgt werden. Daher kann das komische Gedicht nur profitieren, wenn es von allen Regeln der Kunst tradierter Suggestionstechniken wie Reim und Metrum durchtränkt ist und wenn sein Dichter von allen bereits erprobten Drehs zur Herstellung komischer Wirkung weiß. Was er ererbt von seinen poetischen Vätern hat, sollte der Verfasser komischer Gedichte aus zweierlei Gründen erwerben. Um es zu besitzen und um es bei Bedarf getrost zu belachen.

V. Das komische Gedicht bedarf der Inspiration.

Ohne Überraschung keine Komik, weshalb ein allein nach tradierten Regeln verfertigtes komisches Gedicht einen Widerspruch in sich selbst darstellt. Gerade der Verfasser komischer Gedichte ist stets dazu angehalten, jene Frage ernst zu nehmen, dank deren Ernst Lubitsch seinen Filmen den Lubitsch touch verlieh: „Wie kann man es anders machen?“ Anders machen oder anders sehen: Manchmal genügt ein schlichter Blickwechsel, um Walten, Wähnen, Wesen und Worte in ein anderes, komisches Licht zu tauchen. […]

Quelle: Robert Gernhardt: Zehn Thesen zum komischen Gedicht. In: ders.: Was das Gedicht alles kann: Alles. Hg. von L. Hagestedt und J. Möller. Frankfurt/M.: S. Fischer Verlag 2010, S. 554 f. (Auszüge). Zuerst in: Frankfurter Allgemeine Zeitung 12. 2. 2004; für didaktische Zwecke gekürzt.

Lösungsvorschlag

a **TIPP** **Interpretation eines lyrischen Textes**

Teilaufgabe 1 verlangt von Ihnen die **Interpretation** des Gedichtes „Ebbe und Flut“ von Robert Gernhardt. Es ist also erforderlich, dass Sie das Gedicht hinsichtlich seiner **Form**, seines **Inhalts** und seiner sprachlich-stilistischen **Gestaltung** untersuchen. Dabei sollten Sie stets versuchen, die einzelnen Bereiche aufeinander zu beziehen und sprachliche Mittel in ihrer Funktion für den Aussagegehalt des Gedichtes zu deuten. Bei Ihrer Interpretation sollen Sie die **Aussagen Gernhardts zum komischen Gedicht** berücksichtigen. Diese können Sie entweder gleich einfließen lassen, wenn Sie bei der Analyse einzelner Teilaspekte Parallelen zu poetologischen Überlegungen des Autors erkennen. Es ist jedoch auch möglich, auf das dichterische Konzept bei der Gesamtdeutung einzugehen. Um zu einer **übergeordneten Bedeutung** des Gedichtes zu gelangen, ist es hilfreich, wenn Sie es gedanklich mit Ihren Erwartungen an ein Liebesgedicht vergleichen.

Basissatz
Thema, Autor, Titel, Erscheinungsjahr

Humor und Liebeslyrik – lässt sich das verbinden? Diese Frage könnte man sich stellen, wenn man den Namen **Robert Gernhardt** im Zusammenhang mit Liebesgedichten liest. Der Dichter, der in den 1960er-Jahren durch seine **humoristischen Texte und Nonsens-Verse** bekannt wurde, scheint nicht recht zu einem so bedeutungsschweren Thema zu passen. Daher ist es interessant, der Frage nachzugehen, wie der Humorist Gernhardt dieses Thema behandelt. Das soll im Folgenden bei der Analyse des 1981 in der Anthologie „Wörtersee“ erschienenen Gedichtes „Ebbe und Flut“ untersucht werden.

Interpretation
Grundlegendes zu Titel und Form:
Naturbezug des Titels

Als Erstes fällt der **Titel „Ebbe und Flut“** ins Auge, der zunächst einmal gar nicht nach Liebeslyrik klingt, sondern hinter dem man eher ein **Naturgedicht** vermutet. In jedem Fall weckt dieser Titel die Assoziation eines Gegensatzes und eines nicht aufzuhaltenden Rhythmus, dem der Gezeitenstrom unterliegt. Während Ebbe etwas mit Rückzug und Leere zu tun hat, denkt man bei Flut an Fülle und Leidenschaft, was bereits erste Anknüpfungspunkte zur Liebesthematik bietet.

Spiegelung der Gezeiten durch das Metrum

Neben dem Titel fällt die recht **schlichte Form des Gedichtes** auf, das aus nur einer einzigen Strophe von zehn Versen besteht. Diese durchläuft ein Jambus, der mal drei-, mal vierhebig ist. Das **Metrum** sorgt dafür, dass man sich an das gleichmäßige Auf und Ab von Wellen erinnert fühlt oder eben an das Vor- und Zurückströmen des Wassers bei Ebbe und Flut. Verstärkt wird dies durch die unterschiedliche Verteilung der Hebungen, deren Anzahl wie das Wasser bei einer Flut zunächst langsam ansteigt (V. 1–5), dann stärker wird (V. 6–8) und am Ende wieder abflacht (V. 9 f.). Das Metrum korrespondiert mit dem Titel und, wie sich noch zeigen wird, auch mit dem Inhalt des Textes.

Das Gedicht weist nur **einen einzigen richtigen** Reim auf, da sich das Wort „Flut" in Vers 2 mit „gut" in Vers 4 reimt, auf den bis Vers 9 mehrere identische Reime mit diesem Wort folgen. Diese Auffälligkeit deutet schon die inhaltliche Bedeutung des Wortes **„gut"** an und verleiht dem Gedicht insgesamt eine positive Note. Vers 10 schließt durch den Reim die Klammer zu Vers 1, denn beide Male endet die Zeile auf das Wort „Ebbe". Es ist also denkbar, dass hier eine Wiederholung im Sinne des beständigen Ablaufs von Ebbe und Flut bereits durch die Reimwörter angedeutet wird.

identischer Reim

Um dies klären zu können, muss man sich dem Inhalt und den sprachlich-stilistischen Mitteln, die der Dichter einsetzt, zuwenden. Dabei fällt zunächst einmal der **Parallelismus im Satzbau** in den ersten beiden Versen auf, der auch syntaktisch Kopf und Herz beziehungsweise Ebbe und Flut einander gegenüberstellt. Während im Kopf Ebbe herrscht, was als Leere gedeutet werden kann, herrscht im Herzen Flut, also überschäumende Gefühle. Dass diese Deutung richtig ist, zeigen die folgenden Verse des Gedichtes: Das lyrische Ich ist nur in der Lage, eine einzige Sache zu formulieren, nämlich den Satz **„Ich bin dir ja so gut!"** (V. 4) in den unterschiedlichsten Variationen, die vor allem durch die **Position des Wortes „ja"** erzeugt werden. Dieses wird in Vers 4 noch als bloße Modalpartikel, also als Füllwort, gebraucht, das weggelassen werden könnte, ohne die Aussage des Satzes im Wesentlichen zu verändern. In den folgenden Versen variiert Gernhardt jedoch die Stellung des Wortes „ja", indem er es zum Beispiel mit Ausrufezeichen als Parenthese setzt (vgl. V. 5 f.), wodurch ihm eine sich steigernde Bedeutung zukommt. Es ist jetzt kein bloßes Füllwort mehr, sondern betont die Aussage des Satzes auf immer eindringlichere Weise, was damit endet, dass der letzten Liebesäußerung sogar ein zweifaches „ja" vorangestellt ist (vgl. V. 8). Aus dem Füllwort „ja" wird die Interjektion „ja", welche von der Mitte an den Anfang des Satzes rückt und hier Zustimmung beziehungsweise geradezu euphorische Begeisterung ausdrückt.

inhaltliche und sprachlich-stilistische Gestaltung:

Gegenüberstellung von Herz und Verstand

Variation des Wortes „ja"

Verstärkt wird diese Eindringlichkeit durch die Wiederholung des inhaltlich immer gleichen Satzes „Ich bin dir so gut", wobei die Betonung **auf dem Wort „gut"** liegt, das in den Versen 8 und 9 sogar fünfmal wiederholt wird. Der Gedankenstrich in Vers 9 könnte dabei andeuten, dass das lyrische Ich sich bremst, weil ihm klar wird, dass es immer wieder nur das Gleiche zu sagen in der Lage ist. Die Liebe macht das lyrische Ich sprachlos und benebelt seinen

Wiederholung des Wortes „gut"

Verstand, sodass seine überbordenden Gefühle es regelrecht überfluten und in Bezug auf die Wortwahl nur noch wenig Abwechslung zulassen.

Das Einzige, was für den lyrischen Sprecher zählt, ist zu betonen, wie gut er dem lyrischen Du ist, das hier durchgehend durch das Pronomen „dir“ einbezogen wird. Das lyrische Ich möchte deutlich machen, was es empfindet, ohne dass die Leser erfahren, **wie die Adressatin bzw. der Adressat dieses Gefühlsausbruchs dazu steht**. Dies scheint für das verliebte lyrische Ich aber auch nicht so wichtig zu sein. Es ist ohnehin nicht in der Lage, seine Gefühle zu reflektieren, da in seinem Verstand – wie in Vers 10 noch einmal betont wird – Ebbe herrscht. Dabei weist dieser letzte Vers, der mit dem ersten bis auf die drei Punkte identisch ist, darauf hin, dass das Gedicht immer wieder von Neuem beginnen könnte und der lyrische Sprecher tatsächlich nur das bereits Gesagte auszudrücken vermag.

Rolle des lyrischen Du

Gernhardts Text kann als Parodie auf Liebesgedichte betrachtet werden: Das lyrische Ich möchte seine Gefühle artikulieren, kommt jedoch aufgrund seines emotionalen Überschwanges nicht über die Variation des Satzes „Ich bin dir ja so gut“ (V. 4) hinaus. Es geht Gernhardt aber nicht darum, traditionelle Liebeslyrik durch eine Pointe als gekünstelt zu entlarven, denn „**[d]as komische Gedicht erschöpft sich nicht im Lachen**“ (M 3, Z. 2). Humoristische Elemente durchziehen vielmehr das ganze Gedicht in Form eines **eigenen Sprachwitzes**. So erscheinen die folgenden Varianten der Aussage „Ich bin dir ja so gut!“ (V. 4) wie die Wellen einer Sturmflut. Durch Einschübe, Wortwiederholungen und emphatische Umstellungen entstehen leichte Abwandlungen der zentralen Aussage, die der Poetologie Gernhardts zufolge als „Schönheiten am Wegesrande“ (M 3, Z. 7) anzusehen sind.

Zwischenfazit: „Ebbe und Flut“ als komisches Gedicht

Gleichzeitig werden die Rezipienten dazu angehalten, den Gefühlsregungen des lyrischen Ich mit einem Schmunzeln zu begegnen. Das liegt nicht zuletzt an dem unvermittelten Bruch zwischen traditionellen Formelementen zu Beginn (vgl. V. 1–4) und am Ende des Gedichts (vgl. V. 10) sowie den sprachlichen Experimenten im Mittelteil (vgl. V. 5–9). Gernhardt zufolge ist das eine wichtige Voraussetzung für das komische Gedicht, denn „**[o]hne Überraschung keine Komik**“ (M 3, Z. 17). Indem ein Ordnungssystem in den ersten vier Versen „lachhaft penibel befolgt“ (M 3, Z. 10) und anschließend „außer Kraft gesetzt“ (M 3, Z. 9 f.) wird, entsteht ein **Nebeneinander von konventionellen und unkonventionellen sprachlichen Mitteln**. Die Spannung, die sich daraus ergibt, ist eine Mitursache für die komische Wirkung des Liebesgedichts.

b **TIPP** **Vergleich von Gernhardts „Ebbe und Flut" mit Goethes „Mailied"**

Bei **Teilaufgabe 2** geht es darum, das Goethe-Gedicht mit dem Gernhardt-Gedicht im Hinblick auf seine Form, seine sprachlich-stilistische Gestaltung und seine Gesamtaussage zu **vergleichen**. Dafür ist es notwendig, beide Gedichte verstanden zu haben. Nur so können Sie **Vergleichskriterien** auswählen, die besonders geeignet sind, Gemeinsamkeiten und Unterschiede zwischen Goethes und Gernhardts Gedicht zu zeigen. **Hintergrundwissen** zu Goethe oder der Epoche des Sturm und Drang wird nicht von Ihnen verlangt. Sollten Sie jedoch über weitergehende Kenntnisse hierzu verfügen, ist es empfehlenswert, diese in Ihren Vergleich einzubringen. Am Ende stellen Sie die Gesamtaussage beider Gedichte einander gegenüber und kommen so zu einem **abschließenden Ergebnis Ihres Vergleichs**.

Überleitung: Kontextualisierung von Goethes „Mailied"

Ebenso wie Gernhardts „Ebbe und Flut", das der Gegenwartslyrik zugerechnet wird, verbindet **Johann Wolfgang von Goethe** in seinem Gedicht **„Mailied"** die Liebe mit Bildern aus der Natur. Das „Mailied", welches in die Schaffenszeit des noch jungen Goethe fällt, betont als typisches Gedicht des Sturm und Drang die subjektiven Empfindungen des lyrischen Ich und ist von Unbeschwertheit sowie von Euphorie geprägt. Die Ähnlichkeit des Themas trotz verschiedener historischer Kontexte lässt einen Vergleich der beiden Werke interessant erscheinen, sodass im Folgenden Unterschiede und Gemeinsamkeiten der Gedichte herausgearbeitet werden.

Natur als Illustration der Liebe

Eine vordergründige Gemeinsamkeit stellt zunächst einmal die **Verbindung von Natur- und Liebeslyrik** dar, da sich sowohl Gernhardt mit „Ebbe und Flut" als auch Goethe mit seinem „Mailied" auf die Natur besinnt, um der Liebe metaphorisch Ausdruck zu verleihen. Auch bei Goethe dient die Natur also der Illustration der Liebe, jedoch geschieht das auf den ersten Blick abwechslungsreicher als bei Gernhardt, der seiner immer gleichen Aussage mit dem Naturbezug nur einen Rahmen gibt.

Naturwahrnehmung der Liebenden

Bei Goethe wird im Gegensatz zu Gernhardt die **Liebe** in beinahe jeder der neun Strophen explizit erwähnt und die Natur als Vergleichsgegenstand für die großen Gefühle des lyrischen Ich herangezogen. So beschränken sich die Strophen 1 bis 5 zwar auf die Freude an der Natur, ohne dass von der Person einer Geliebten die Rede ist. Dass die **Begeisterung des lyrischen Ich** aber durch die Liebe zu erklären ist, wird beim Übergang von Strophe 3 zu Strophe 4 angedeutet, wenn es heißt „O Glück! O Lust! / O Lieb! o Liebe!" (V. 12 f.). Die Natur kann das lyrische Ich aber nur wahrnehmen, weil es von der Liebe dazu befähigt wird, die ihm im

Spiegel der erblühenden Frühlingsnatur genauso schön erscheint „[w]ie Morgenwolken / Auf jenen Höhn“ (V. 15 f.).

Auch im weiteren Gedichtverlauf wird die **Liebe immer wieder vergleichend zur Natur in Beziehung gesetzt**, wodurch das lyrische Ich seinen Gefühlen Ausdruck verleihen will. Ab Strophe 6 spricht es sein „Mädchen“ (V. 21) direkt an und betont zweimal explizit, wie sehr es seiner Angebeteten zugetan ist („Wie lieb ich dich!“, V. 22; „Wie ich dich liebe“, V. 29). Diese starken Gefühle werden dann auch wieder durch einen Naturvergleich ausgedrückt, wenn das lyrische Ich die zwischen den Liebenden bestehenden Gefühle folgendermaßen ausdrückt: „So liebt die Lerche / Gesang und Luft, / Und Morgenblumen / Den Himmelsduft, / Wie ich dich liebe“ (V. 25–29). Dadurch werden die Gefühle des lyrischen Ich verbalisiert und mit der Frische sowie dem Aufblühen der Natur verglichen.

Einheit von Mensch und Natur

Außerdem weist Goethes Gedicht auf eine **Einheit zwischen Mensch und Natur** hin, indem es Naturvorgänge und Empfindungen parallelisiert („Es dringen Blüten / Aus jedem Zweig / [...] Und Freud und Wonne / Aus jeder Brust“, V. 5–10). Darüber hinaus wird die Natur personifiziert und damit in die Nähe des Menschen gerückt („Wie lacht die Flur!“, V. 4). Vordergründig erweist sich das lyrische Ich bei Goethe also als wesentlich wortgewandter und virtuoser in der Darstellung seiner Emotionen als bei Gernhardt, der es in immer dem gleichen Wortlaut sprechen lässt.

euphorische Liebe

Goethe benutzt gleich siebenmal das Wort „Liebe“ oder „lieben“, sodass dem Adressaten des Gedichtes keinesfalls verborgen bleiben kann, wie der Verliebte sich fühlt. Das **Vokabular des lyrischen Ich ist also von Wiederholungen geprägt**, wenn auch nicht so stark wie bei Gernhardt. Um die Gefühle des lyrischen Ich zu verdeutlichen, nutzt der Dichter die Personifikation der Liebe, welche in Vers 13 direkt angesprochen und als geradezu göttliche Macht beschrieben wird, die „Das frische Feld, / Im Blütendampfe / Die volle Welt“ (V. 18–20) segne. Goethes Gedicht ist trotz der direkten Anrede der Geliebten nicht nur an diese gerichtet, vielmehr erweckt es den Eindruck, dass alle Menschen von den Emotionen des lyrischen Ich erfahren sollen. Diese **Unbeschwertheit und Euphorie des Liebenden** ist Gegenwartsautoren wie Gernhardt fast gänzlich abhandengekommen. Ein modernes lyrisches Ich zieht sich eher in sich selbst zurück, anstatt seine Gefühle mit der Umgebung teilen zu wollen.

Goethes „Mailied“ unterscheidet sich auch in seiner **Form** zum Teil stark von Gernhardts Gedicht, da es einen eindeutigen und regelmäßigen Aufbau mit neun Strophen zu je vier Versen besitzt, der von einem regelmäßigen Metrum (einem zweihebigen Jambus) und Reim (es reimen sich der zweite und vierte Vers jeder Strophe, wobei es sich bei Vers 6 und 8 um einen unreinen Reim handelt) begleitet wird, ähnlich wie man es in einem **Volkslied** finden könnte. Dies stellt einen erheblichen Unterschied zu Gernhardts Gedicht in seiner Blockform dar und hat inhaltliche Auswirkungen. Obwohl auch „Ebbe und Flut“ überschäumende Gefühle beschreibt, wird diese Euphorie weniger durch den Rhythmus des Gedichtes als durch den variierten Satz „Ich bin dir so gut“ in Verbindung mit der Bestätigung „Ja“ erreicht. Goethe hingegen bringt durch Versmaß und Strophenform **zusätzliche Dynamik** in sein Gedicht. So erzeugen die kurzen Verse sowie die Enjambements Schnelligkeit und drücken die überbordende Begeisterung aus.

Bedeutung von Form und Rhythmus

Es lassen sich allerdings auch **sprachliche Gemeinsamkeiten der Gedichte** finden: Beide Dichter verwenden zahlreiche **Ausrufe und Interjektionen**, um die Gefühle des lyrischen Ich hervorzuheben. Während Gernhardt das Wort „ja“ (meist versehen mit einem Ausrufezeichen) immer wieder in seinen Text einfügt (vgl. V. 4–8), wiederholt Goethe wie bereits angesprochen das Wort „Liebe“ beziehungsweise „lieben“ und benutzt eine Vielzahl von Ausrufen, um der überschwänglichen Begeisterung des lyrischen Sprechers Ausdruck zu verleihen (zum Beispiel „Wie glänzt die Sonne! / Wie lacht die Flur!“, V. 3 f.; „O Erd, o Sonne“, V. 11; „Wie lieb ich dich!“, V. 22; „Wie liebst du mich!“, V. 24).

Erst in den letzten drei Strophen lässt dieser Überschwang etwas nach, es finden sich keine Ausrufe mehr, das lyrische Ich klingt gesetzter und ist sogar zu einem **reflektierenden Vergleich seiner Liebe** in der Lage. Diese plötzliche Zurücknahme der Euphorie könnte mit einem wichtigen Unterschied zusammenhängen, den das Goethe-Gedicht zum Gernhardt-Werk aufweist: Für Goethes lyrisches Ich ist die **Erwiderung seiner Gefühle durch die Geliebte** zentral, während eine Gegenliebe von Gernhardt gar nicht thematisiert wird. Mit der Feststellung „Wie liebst du mich!“ (V. 24) wird die ruhigere Schlusspassage von Goethes Gedicht eingeleitet. Durch **parallele Konstruktionen** wie „Wie lieb ich dich! / […] Wie liebst du mich!“ (V. 22 und 24) betont der Dichter die Gleichgestimmtheit beider Liebenden, ohne die das zuvor beschriebene Glücksempfinden nicht möglich wäre. Goethes Gedicht endet gar mit einer Aufforderung an die Geliebte: „Sei ewig glücklich, / Wie du mich liebst“ (V. 35 f.), was zeigt, welche Bedeutung der **Glaube an die glückliche Liebe** für das lyrische Ich hat.

Beruhigung durch Erwiderung der Gefühle

Insgesamt scheint es zwischen den beiden Gedichten also mehr Unterschiede als Gemeinsamkeiten zu geben, was sich aber relativiert, wenn man deren **Gesamtaussage** betrachtet. Wie vorhin schon festgestellt, offenbart sich bei Gernhardt eine sprachlich-intellektuelle Hilflosigkeit des lyrischen Ich. Doch Goethes Gedicht ist nur vordergründig sprachlich geschickter verfasst. Zwar lässt sich nicht in Abrede stellen, durch wie viele Naturvergleiche und Naturbeschreibungen Goethe die Liebe in seinem Gedicht feiert und poetisiert, doch wenn man versucht, deren wirkliche Bedeutung zu ermessen, kommt man zum gleichen Ergebnis wie bei Gernhardt: **Der liebende lyrische Sprecher beschreibt das immer Gleiche nur mit unterschiedlichen Floskeln**, die dem Gesagten aber nicht mehr Sinn oder Bedeutung verleihen. So gesehen stammelt auch Goethes lyrisches Ich, wenn auch in wortreicheren Varianten und mit expliziteren Naturbezügen.

„Sprachlosigkeit“ der Liebenden

Beiden Dichtern **gemeinsam** sind die emphatische Sprache und die Naturvergleiche, auch wenn diese in ganz unterschiedlicher Gestalt auftauchen: bei Gernhardt eher in der Form, im Titel und in den ständigen Wiederholungen, bei Goethe expliziter und variantenreicher im gesamten Gedichtverlauf. Dieser **Unterschied** könnte darin begründet liegen, dass Goethe wohl gänzlich ernsthafte Liebeslyrik verfassen wollte, während Gernhardt die Verbalisierung der Liebesgefühle humoristisch überzeichnet.

zusammenfassendes Fazit

EPIK

Aufgabenstellung

a Interpretieren Sie folgenden Ausschnitt aus Harmut Langes Novelle „Das Haus in der Dorotheenstraße".

b Prüfen Sie ausgehend von Ihren Ergebnissen, ob Klausen am sogenannten Othello-Syndrom leidet. Gehen Sie dabei auch auf die intertextuellen Verweise auf Shakespeares „Othello" ein.

Text **Hartmut Lange (geb. 1937): Das Haus in der Dorotheenstraße**

Der Teltowkanal verläuft, wie gesagt, im Süden Berlins gute siebenunddreißig Kilometer von der Havel bis zur Spree, und er wirkt, da er etwas zu eng geraten ist, absolut schmucklos und besonders dort, wo er in östlicher Richtung die Ödnisse des Flachlands überwinden muss. Im Westen aber, wo er sich den Verwerfungen der Havelberge nähert, sind die Ufer, bevor der Kanal in den Griebnitzsee mündet, dicht bewaldet, und die wenigen Häuser, die unmittelbar am Wasser stehen, wirken auf idyllische Weise abseits und als gäbe es dorthin keinerlei Zugang. Aber in ihrer Nähe, wenn auch versteckt, verläuft die Dorotheenstraße, die direkt zu den Grundstücken am Kanalufer führt, und hier, in einer Villa, die von Buchen und Fichten umstanden war, wohnte das Ehepaar Klausen. Die beiden kannten sich aus der gemeinsamen Schulzeit, waren also, was ihre Eigenarten und Interessen betraf, über Jahre hinweg miteinander vertraut, und sie hatten mit dem Haus in der Dorotheenstraße etwas gefunden, das ihnen das Gefühl von Geborgenheit gab, so dass sie überlegten, ob es nicht vernünftig wäre, das Grundstück zu erwerben. Der Garten war verwildert, und die Fassaden hätte man erneuern müssen. Wo der Putz breitflächig abgebröckelt war, zeigten sich hässliche Ziegel, aber die Vorderfront, eine gewölbte Wand mit langgestreckten Fenstern, wirkte auf moderne Weise elegant, beinahe wie ein Musterbeispiel aus dem Art déco. [...]

Gottfried Klausen war Korrespondent einer überregionalen Tageszeitung, und er nahm seinen Beruf sehr ernst. Was er zu berichten hatte, musste klar und nachvollziehbar sein, so dass er gezwungen war, gründlich zu recherchieren. Er hatte, das wusste man in der Redaktion zu schätzen, einen überaus präzisen Stil, und da er mehrere Sprachen beherrschte, schickte man ihn ins Ausland, etwa nach Rom oder Madrid, und irgendwann bat man ihn, die Vertretung in London zu übernehmen. Damit war er einverstanden, obwohl seine Frau erklärte, dass sie fürs Erste in Kohlhasenbrück, genauer, in dem Haus an der Dorotheenstraße, bleiben würde.

„Wir haben keine Eile“, sagte Klausen. „Und falls es mir in London gefällt und wir eine passende Wohnung finden, kommst du einfach nach.“

Man beratschlagte, wie man den Zustand der Trennung, der unmittelbar bevorstand, möglichst rasch beenden könnte. Klausen packte seinen Koffer, Xenia fuhr ihren Mann nach Schönefeld, und als sich die beiden in der Flughafenhalle umarmten, dauerte dies etwas länger als gewöhnlich.

Stunden später war Gottfried Klausen in seiner Londoner Wohnung, und es erübrigt sich zu beschreiben, wo genau er in der Stadt an der Themse untergekommen war. Vielleicht nur so viel: Man hatte ihm eine Zweizimmerwohnung zugewiesen. Er bestand aber darauf, dass er irgendwann, um mit seiner Frau zusammen zu sein, in ein größeres Apartment umziehen durfte, war auch bereit, einen Teil der Miete, wenn man es verlangte, selber zu zahlen. Aber zunächst blieb es bei dem Vorsatz, denn sechs Wochen später bewohnte Klausen immer noch die enge Wohnung, und dass er gezwungen war, seine Frau, wenn sie miteinander telefonierten, zu vertrösten, machte die Sache auch nicht besser. [...]

‚Vielleicht hätte ich doch nicht hierherkommen sollen‘, dachte er, als er auf einer Brücke stand und bemerkte, wie kalt ihm der Wind ins Gesicht blies [...].

Meist ging er, wenn er fror, in ein nahegelegenes Restaurant, aß eine Kleinigkeit, dann saß er wieder vor seinem Rechner. Er tat seine Arbeit, und was er den Abend über notierte oder verbesserte und schließlich zu einem Artikel erweiterte, war für seine Zeitung bestimmt. Es waren Kommentare, den Bereich der Wirtschaft betreffend, dafür war er zuständig, und es gab niemanden in der Redaktion, der so kenntnisreich und umfassend über die Interna der Londoner City zu berichten wusste. Es machte ihm Spaß, aber es war die übliche Routine, und was ihm diese Stadt ansonsten zu bieten hatte, erfuhr er erst, als er sich entschloss, in seiner Freizeit nicht immer nur auf der Brücke an der Themse zu stehen. Eines Tages besuchte Gottfried Klausen auf eine Empfehlung hin die berühmte Royal Shakespeare Company, und er staunte, wie ihm dort eine Welt vor Augen geführt wurde, die nicht irgendwelchen Fakten und deren Nachweisbarkeit, sondern ausschließlich der Willkür, der Unzuverlässigkeit des schönen Scheins geschuldet war. Denn was man in *The Tragedy of Othello, the Moor of Venice* zu sehen bekam, wirkte, zumindest für Gottfried Klausen, vollkommen unglaubwürdig, und er staunte, dass ihm dort in bunten Kostümen und mit wilden, eindringlichen Gebärden ein Mann vorgeführt wurde, der vorgab, seine Frau bedingungslos zu lieben, und der sich trotzdem weigerte, die Untreue, die man ihr angedichtet hatte, auf vernünftige Weise zu hinterfragen.[1]

‚Stattdessen bringt er sie lieber um, obwohl sie ihm unter Tränen ihre Unschuld versichert‘, dachte Gottfried Klausen, war aber, was die Leistung der Schauspieler betraf, beeindruckt.

In sein Apartment zurückgekehrt, wählte er Xenias Nummer, ließ es lange klingeln, denn er wusste, dass sie die Angewohnheit hatte, ihr Handy in der Handtasche liegen zu lassen.

‚Sie hört es nicht, wenn sie in einem anderen Zimmer ist‘, dachte Klausen und beschloss, obwohl es teurer war, Xenia über das Festnetz zu erreichen.

Aber auch dort meldete sich niemand. Also ging er erst einmal ins Bad, um es später nochmals zu versuchen, aber als er im Bett lag, war er zu müde, und er fand es unnötig, jetzt noch ein längeres Gespräch zu führen. Er, Klausen, hatte sich an die Verabredung gehalten, und falls Xenia etwas dazwischengekommen war …

‚Macht nichts', dachte er noch, dann, es war Viertel vor zwölf, hörte man ihn ruhig atmen. […]

„Wir müssen uns um die gemeinsame Wohnung kümmern. Ich habe auch schon etwas in Aussicht", sagte Gottfried Klausen, als er am nächsten Morgen seinen Kaffee trank. „Es sind drei Zimmer in der Gower Street, hell und modern möbliert, überall mit Leder bezogene Stühle und Sessel, die Einbauküche ist etwas eng, aber mit allem Notwendigen ausgestattet, und das Schlafzimmer geht auf einen Balkon hinaus. Die Miete beträgt 3 000 Pfund. Nicht zu teuer", sagte er, wies aber darauf hin, dass er den Mietvertrag in ein bis zwei Wochen unterschreiben müsse.

Xenia verhielt sich zögerlich. Sie bedauerte, dass sie gestern nicht miteinander hatten sprechen können, nannte aber keine Gründe, und als er ihr klarzumachen versuchte, wie schwierig es für ihn sei, in einer fremden Umgebung, in einer Stadt, an die er sich erst gewöhnen müsse, immer allein zu sein, stimmte sie zu. Man verabredete, dass sie so bald wie möglich nach London fliegen würde, um sich die Wohnung, die Klausen ausgesucht hatte, anzusehen, und am Sonntag darauf war es endlich so weit.

Der Londoner Flughafen Heathrow ist an Unübersichtlichkeit nicht zu übertreffen. […] Das Flugzeug war gelandet, und als die ersten Passagiere die Zollkontrolle passierten, stand Klausen mit in dem Halbkreis der Wartenden, um seiner Frau, sowie er sie entdecken würde, zuzuwinken. Er hatte einen Veilchenstrauß in der Hand, und nach zwanzig Minuten stand er immer noch da.

‚Vielleicht dauert es länger, weil sie doch ihren Koffer mitgenommen hat', dachte er, und irgendwann, der Ausgang wurde geschlossen, in der Zollkabine erlosch das Licht, irgendwann zog er sein Handy hervor. […]

„Was ist mit dir", sagte er.

Aber es war nicht Xenia, die ihm antwortete. Es war, wie er glaubte, eine Männerstimme, und was sie ihm zu sagen hatte, konnte Klausen, da er das Handy rasch wieder zuklappte, nicht verstehen.

Als er in seine Wohnung zurückfuhr, ließ er das Handy, obwohl es immer wieder klingelte, unbeachtet. Dabei hätte ein Blick auf das Display genügt, um herauszufinden, ob es Xenia war, die allen Grund hatte, ihm zu erklären, warum sie, obwohl man es fest verabredet hatte, nicht in Heathrow gelandet war. Und es war durchaus möglich, dass auf dem Flughafen, als er versucht hatte, sie zu erreichen, eine falsche Verbindung zustande gekommen war.

‚Das würde auch die Männerstimme erklären', dachte Gottfried Klausen und versuchte, einen Anflug von Gekränktheit loszuwerden. ‚Ich kann mich nicht beschweren', dachte er. ‚Und es wäre nur recht und billig, auch einmal auf Xenias Wünsche einzugehen. […]'

[…] Als er im Treppenhaus stand, als die Verbindung mit Xenia, ‚endlich', dachte er, zustande gekommen war, war ihm die Entschuldigung, die sie vorbrachte, um ihr Verhalten zu erklären, schon unerheblich.

„Mach dir keine Sorgen", sagte Gottfried Klausen. „Es ist schließlich meine Schuld. Ich habe darauf bestanden, dass du nach London kommst. Und dir hat es eben nicht gepasst", sagte er und erklärte, dass er, koste es, was es wolle, eine dringende Arbeit liegen lassen würde, um möglichst bald nach Berlin zu fliegen, und wie wichtig es für ihn sei, endlich wieder einmal auf der Nathanbrücke zu stehen.

In den nächsten Wochen war Klausen damit beschäftigt, die anstehenden Kommentare und Berichte möglichst rasch zu erledigen. Er hoffte, sich dadurch die Zeit für einen längeren Aufenthalt in Kohlhasenbrück zu verschaffen, und nachdem er alles, was zur Veröffentlichung anstand, nochmals überprüft und korrigiert und der Sekretärin übergeben hatte, bat er um eine Woche Urlaub.

„Alles Nähere bespreche ich mit dem Chefredakteur in Berlin", erklärte er.

Das Flugticket hatte er bereits in der Tasche. […]

Am nächsten Morgen blätterte er nochmals in seinem PC, sonderte die Korrespondenz, die sich erledigt hatte, aus, verstaute im Koffer die Geschenke, die er für Xenia gekauft hatte, und als er Paddington erreicht hatte […], hörte er, wie jemand einem anderen etwas zurief, und Klausen wusste bereits, worüber die Leute redeten: In Island war ein Vulkan ausgebrochen, und man konnte noch nicht sagen, wohin der Wind die Aschewolke treiben würde, und solange dies nicht geklärt war, stand der Flugverkehr über England still.

[…] Man bat um Geduld, verwies auf die ungewöhnlichen Umstände, die sich weit außerhalb, in tausend Meter Höhe, vollzogen, und als der Flug nach Berlin endgültig gestrichen wurde, war Klausen enttäuscht, hoffte aber darauf, dass es ihm, wenn nicht jetzt, so doch wenigstens im Laufe des Tages gelingen würde, auf einen anderen Flug umzubuchen. Dies wollte er Xenia, die sicher schon unterwegs war, um ihn abzuholen, mitteilen. Also wählte er ihre Nummer. Aber es war, wie vor Tagen schon, nicht Xenia, die ihm antwortete, es war eine Männerstimme, und was sie ihm zu sagen hatte, konnte Klausen, da er diesmal das Handy nicht zuklappte, deutlich verstehen. Genauer: Da war jemand, der wissen wollte, wer er war, und als Klausen seinen Namen nannte und darauf bestand, mit seiner Frau zu sprechen, hörte er ein Flüstern, dann im Hintergrund ein unterdrücktes Lachen, und es war, daran bestand kein Zweifel, Xenia, die sich, worüber auch immer, zu amüsieren schien.

Danach herrschte Stille, in der Klausen hoffen durfte, dass er sich getäuscht hatte und dass Xenia sich, darum hatte er schließlich gebeten, doch noch melden würde. Aber nichts dergleichen geschah. […]

Er fühlte sich nach seiner Rückkehr vom Flughafen immer noch wie betäubt. Dabei wäre es naheliegend gewesen, sich, so oder so, Klarheit zu verschaffen. Aber er unterließ es, vielleicht, weil er fürchtete, der Vorgang könnte sich wiederholen.

‚Da war eine Männerstimme, und als ich mit meiner Frau sprechen wollte, hat sie gelacht. Womit ließe sich das erklären', dachte Gottfried Klausen.

War es tatsächlich so, dass Xenia jemandem erlaubt hatte, ihr Handy zu benutzen, jemandem, mit dem sie so vertraut war, dass es im Haus an der Dorotheenstraße hatte geschehen können? Und wer weiß, vielleicht waren die beiden, als Xenia über den Anruf ihres Mannes lachte, nicht etwa im Flur oder in der Küche, sondern im Schlafzimmer! Und war Klausens Ehe mit dieser Frau vielleicht schon seit Jahren derart verlogen, dass er ihre Untreue nicht bemerkt hatte?

Tage später saß Gottfried Klausen wieder im Theater, und wieder spielte man *The Tragedy of Othello, the Moor of Venice.*

It is the cause, it is the cause, my soul,
Let me not name it to you, you chaste stars!
It is the cause ... Put out the light.[2]

Ja, wollte er sich das, und zum zweiten Mal, wirklich anhören? Wollte er, nur weil er ein Problem mit seiner Frau hatte, der Ermordung einer Wehrlosen zusehen und vielleicht am Ende auch noch Beifall klatschen, weil es einem Schauspieler gelungen war, ein derart wahnsinniges Unterfangen so überzeugend darzustellen?

„Nein", flüsterte Gottfried Klausen, und spätestens gegen Ende des vierten Akts, an jener Stelle, an der klar wurde, wie geschmacklos es gewesen wäre, sitzen zu bleiben, erhob er sich, zwängte sich durch die voll besetzte Reihe, und an der Garderobe, nachdem er seinen Mantel entgegengenommen hatte, beschloss er, in einen Pub zu gehen, um alles, was ihm seit Kurzem zu schaffen machte, nochmals zu überdenken.

„Put out the light."

Diese Aufforderung ging Klausen nicht mehr aus dem Kopf. Er begann, fahrig zu werden, stellte Fragen, die niemand beantworten konnte, oder gab Ratschläge, um die man ihn nicht gebeten hatte. [...] Er begann, schlampig zu recherchieren, ging auf die privaten Affären irgendwelcher Abgeordneter ein, und zuletzt interessierte er sich, obwohl er für die Belange der City zuständig war, nur noch für den Stimmungswechsel, der sich auf den Londoner Straßen um diese Jahreszeit vollzog. [...]

„Ich muss weg von hier", erklärte Klausen [dem Chefredakteur] [...] in einem Ton, der merkwürdig entschlossen klang. [...]

„Gut", sagte der Chefredakteur. „Ich will sehen, was sich machen lässt. Aber wo willst du hin?"

„Völlig gleichgültig", antwortete Klausen und schlug vor, erst einmal nach Island zu fahren, um den Grimsvötn, der Heathrow lahmgelegt hatte, in Augenschein zu nehmen. „Das muss ein Aschefeld sein, das alles unter sich begraben hat", sagte er und meinte, dass es sich lohnen würde, darüber eine Reportage zu schreiben.

Und das Haus in der Dorotheenstraße? War dies nicht der Ort, dem sich Klausen über Jahre hinweg und mit wachsender Zuneigung verbunden fühlte? Und hätte er nicht allen Grund gehabt, statt nach Island mit dem nächstbesten Flugzeug nach Berlin zu fliegen [...]? [...]

Was letztendlich geschah, wir wissen es nicht. Wir wissen nur, dass am Ufer des Teltowkanals [...] die Kastanien zu blühen begannen und dass man, wenn man auf der Nathanbrücke stand, Mühe hatte, durch die Kronen der Bäume hindurch jenes Haus zu erkennen, das wie immer hell erleuchtet war. […] Hin und wieder hörte man ein Frauenlachen, und wer da lachte, der sollte sich nicht allzu sicher fühlen. Denn es war durchaus denkbar, dass irgendwann, nicht am Tage, sondern nachts, doch noch ein Auto vorfuhr und dass sich jemand auf den Eingang zubewegte. Er besaß einen Schlüssel, war hier zu Hause, hatte also alles Recht, das zu tun, was er für nötig befand:

„Put out the light!“, rief er, und wenig später, nachdem er eingetreten war, man hörte noch eine Tür klappen, erloschen im Haus an der Dorotheenstraße die Lampen. Das Haus lag in völliger Dunkelheit.

Quelle: Hartmut Lange: Das Haus in der Dorotheenstraße. Copyright © 2013 Diogenes Verlag AG Zürich; für didaktische Zwecke gekürzt

Anmerkungen:

1 „Othello“ ist eine Tragödie aus der Feder Willam Shakespeares. Der titelgebende Held ist ein dunkelhäutiger General, der die schöne Desdemona, Tochter eines venezianischen Senators, zur Frau nimmt. Der Intrigant Iago sorgt für die Entzweiung der Liebenden, die schließlich dazu führt, dass Othello seine Frau aus Eifersucht ermordet.

2 sinngemäße Übersetzung:
Ich muss es tun, ich muss es tun, bei meiner Seele,
Ich kann euch den Grund nicht nennen, ihr unschuldigen Sterne,
Aber ich muss es tun … Lösche ihr Licht.
(im Original doppeldeutig bezogen auf eine Kerze und auf Desdemonas Lebenslicht)

Material Definition Othello-Syndrom

[Das] Othello-Syndrom bezeichnet einen Eifersuchtswahn und gehört zur Gruppe der wahnhaften Störungen, [ist also] eine pathologische Form der Eifersucht – benannt nach der Bühnenfigur Shakespeares. Meist lässt sich der Inhalt der Wahnideen auch von Außenstehenden im Gegensatz zu anderen Wahnideen gut nachvollziehen, wobei meist Männer davon betroffen sind. Betroffene halten akribisch Ausschau nach Beweisen für die Untreue des Partners und sammeln diese, wobei es nicht selten zu Gewalttätigkeiten kommt, denn der Partner hat keine realistische Möglichkeit, den Betroffenen von seiner Treue zu überzeugen. Das Othello-Syndrom tritt häufig in Verbindung mit Alkoholsucht und auch Demenz auf. Das Othello-Syndrom bzw. Eifersuchtswahn bezeichnete in der Regel die misstrauische Eifersucht, bei der der Partner oder die Partnerin ständig zu Unrecht verdächtigt wird, wobei meist eskalierend Seitensprünge und Lügen vermutet werden, wo keine sind.

[…] Eifersucht kann auch der thematische Inhalt einer isolierten wahnhaften Störung sein, aus der oftmals ein erhöhter Grad der Gewaltbereitschaft gegenüber dem der Untreue bezichtigten Menschen bzw. dessen Umfeld resultiert, was sich in Gewaltverbrechen äußern kann.

Quelle: W. Stangl (2019): Art. Othello-Syndrom, in: Online Lexikon für Psychologie und Pädagogik, URL: https://lexikon.stangl.eu/8142/othello-syndrom/

Lösungsvorschlag

a **TIPP** **Interpretation eines epischen Textes**

Gefordert ist eine **vollständige Interpretation** des Textes. Zunächst **fassen Sie den Text in abstrahierter Weise** zusammen, sodass vor allem auch dessen **Struktur** deutlich wird. Das bietet sich bei dem vorliegenden Novellenauszug besonders an, da eine klare örtliche und auch zeitliche Strukturierung der Handlung erkennbar ist. Der Text ist recht lang und es besteht die Gefahr, sich in Details zu verlieren und eine Nacherzählung zu schreiben. Daher ist es ratsam, sich auf jene Handlungselemente zu konzentrieren, die mit dem Thema des Textes zu tun haben, also dem Kontrollverlust des Protagonisten und dessen Entfremdung von seiner Frau.

Im Anschluss bestimmen Sie **geeignete Interpretationsansätze**. Eine **Charakterisierung** des Protagonisten bietet eine gute Grundlage für eine **motivische Weiterarbeit** am Text. Dabei integrieren Sie an geeigneten Stellen grundsätzliche **sprachlich-stilistische sowie erzähltechnische Besonderheiten** des Textes. Eine detaillierte Analyse dieser beiden Aspekte kann im vorliegenden Fall nicht erwartet werden. Vielmehr sollte der Schwerpunkt der Interpretation auf der veränderten Wahrnehmung des Protagonisten in Kombination mit seiner privaten Situation liegen.

Ziel ist eine **Gesamtinterpretation**, die je nach Text die gesellschaftliche Situation, Motivik/Thematik sowie eventuell literatur- und kulturgeschichtliches Kontextwissen beinhalten kann. In Bezug auf die literarische Form lässt sich der vorliegende Text als Novelle einordnen.

Bei dem vorliegenden Text handelt es sich um einen Auszug aus Hartmut Langes Novelle „Das Haus in der Dorotheenstraße“, die im Jahr 2013 erschienen ist. Darin wird erzählt, wie ein erfolgreicher Korrespondent, der sich aus beruflichen Gründen in London aufhält, auf die räumliche Trennung von seiner bei Berlin lebenden Frau mit wachsender Unsicherheit reagiert. Thematisiert wird im Text der einbrechende Wahnsinn in das nach außen hin geordnete Leben eines Mannes.

Basissatz
Autor, Textsorte, Titel, Quelle, Datum, Thema, Kerninhalt

Zunächst wird der Schauplatz der Rahmenhandlung geschildert, um anschließend den Protagonisten vorzustellen. Gottfried Klausen, ein Journalist, lebt zusammen mit seiner Ehefrau Xenia in einer Villa in einem Außenbezirk von Berlin. Die Ausgangssituation wirkt zunächst idyllisch. In der Binnenhandlung nimmt der gewissenhaft arbeitende Reporter jedoch eine Stelle als Auslandskorrespondent in London an, während seine Frau allein in Berlin zurückbleibt. Durch die Trennung verschlechtert sich die Beziehung des Ehepaars zunehmend. Gottfried Klausen arbeitet konzentriert und sucht

Inhaltsangabe
ländliches Idyll als Ausgangspunkt, Infragestellung der Beziehung zur Ehefrau im Binnenteil, Andeutung eines Mords durch den offenen Schluss

auch weiterhin die Nähe und den Kontakt zu seiner Ehefrau, was sich immer schwieriger gestaltet, da auch die gegenseitigen Besuche durch innere und äußere Widerstände verhindert werden. Nachdem mehrmals ein unbekannter Mann Klausens Anrufe auf Xenias Handy entgegengenommen hat, erhärtet sich für ihn der Verdacht, seine Frau habe eine Affäre. Dieser Gedanke wirkt sich negativ auf die Qualität seiner Arbeit aus, da er Sachverhalte nicht mehr objektiv wahrnimmt. Aus diesem Grund entscheidet er sich schließlich dazu, eine Auszeit zu nehmen. Ob er diese dazu nutzt, nach Berlin zu fliegen und aufgrund der vermeintlichen Affäre seiner Ehefrau einen Mord zu begehen, wird aufgrund des offen gestalteten Endes nicht deutlich.

Charakterisierung der Hauptfigur

beruflicher Erfolg

Nachdem am Beginn der Novelle die idyllische Lage des Wohnhauses des Ehepaars Klausen beschrieben wurde, stellt der auktoriale Erzähler den Protagonisten selbst näher vor. Gottfried Klausen **ist von Beruf Journalist** und arbeitet als „Korrespondent einer überregionalen Tageszeitung" (Z. 19). Er ist vermutlich schon länger für diese Zeitung tätig, denn Klausen hat sich im Auftrag seines Arbeitgebers **mehrfach im Ausland aufgehalten**. Auch aufgrund seiner guten **Fremdsprachenkenntnisse** hat Gottfried Klausen bereits in Italien sowie in Spanien als **Auslandskorrespondent** gearbeitet (vgl. Z. 22 ff.). Er leistet professionelle Arbeit „und er [nimmt] seinen Beruf sehr ernst" (Z. 19 f.).

hohe soziale Stellung und stabile Beziehung

Aufgrund seiner Fähigkeiten wird Klausen von seinen Kolleginnen und Kollegen sehr geschätzt und genießt **hohes Ansehen** (vgl. Z. 21 f.). Sein beruflicher Erfolg stellt auch die Grundlage für seinen hohen Lebensstandard dar. Das geht beispielsweise aus seinen Überlegungen hervor, eine Villa zu kaufen (vgl. Z. 13 f.). Auch in privater Hinsicht lebt Gottfried Klausen in stabilen Verhältnissen. Er ist **verheiratet** (vgl. Z. 10) und wohnt gemeinsam mit seiner Frau in einer Villa in einem ruhigen Außenbezirk von Berlin (vgl. Z. 1 ff.).

rationales Handeln

Gottfried Klausen wirkt zu Beginn des Textes wie **ein klassischer Rationalist**. Er trifft keine überstürzten Entscheidungen, sondern denkt lange darüber nach, bis er sich auf etwas festlegt. In seinem Privatleben zeigt sich das unter anderem in der Beziehung zu seiner Frau Xenia. Diese kennt der Protagonist schon seit der Schulzeit, wodurch die Partner, „was ihre Eigenarten und Interessen [betrifft], über Jahre hinweg miteinander vertraut" (Z. 11 f.) sind. Der **Entschluss zu heiraten** ist aus diesem Grund sehr **durchdacht**. Ebenso wird der **Hauskauf als „vernünftig[e]" (Z. 14) Entscheidung** eingestuft.

Auch sein Beruf als Reporter kommt seinem Streben nach **Planmäßigkeit** und Vernunft entgegen. Er legt großen Wert darauf, dass seine Artikel „klar und nachvollziehbar" (Z. 20 f.) sind. Dies setzt wiederum eine **gründliche Recherche** voraus, in die er auch viel Zeit investiert (vgl. Z. 20 ff.). Seinen „präzisen Stil" (Z. 22) wissen auch Klausens Kolleginnen und Kollegen zu schätzen. Indirekt spiegelt sich diese **Präzision auch in der sprachlichen Gestaltung** des Textauszugs wider. Auch der Erzähler, der teils eine **personale Sicht** einnimmt und insofern eine Nähe zur Figur aufweist, pflegt einen sehr klaren Stil. So wird durch den **Wechsel zwischen einem parataktischen und hypotaktischen Satzbau in den Erzählerberichten** sichergestellt, dass trotz der sehr dichten Sprache ein durchgängiger Lesefluss gewährleistet ist (vgl. z. B. Z. 44–61).

Streben nach Ordnung und Präzision

Die Stabilität, nach der Gottfried Klausen strebt, ist allerdings durch den Umzug nach London gefährdet. Dies zeigt sich insbesondere an dem sich wandelnden Verhältnis zu seiner Frau Xenia. Während Klausens Aufenthalt in London **verschlechtert sich die Beziehung zu seiner Frau zunehmend**. Da Xenia ihren Mann nicht nach London begleiten möchte, entscheidet sich der Reporter zunächst dazu, erst allein nach London zu gehen (vgl. Z. 25 f.). Er vermisst seine Frau und ist mit den Telefonaten nicht zufrieden, da diese „die Sache auch nicht besser [machen]" (Z. 41). Er hätte seine Frau gerne bei sich und schmiedet sogar Pläne für die gemeinsame Zukunft in London (vgl. Z. 35 ff.). Er bemerkt zunächst nicht, dass seine **Frau überhaupt nicht nach London kommen möchte**, sondern versucht, sie dazu zu überreden. Seine Äußerungen in der **direkten Rede** bringen auf unmittelbare Weise den Enthusiasmus, aber auch den **Aktionismus** zum Ausdruck, als er Xenia seine Pläne mitteilt (vgl. Z. 76–81).

Beziehung des Protagonisten zu seiner Frau

negative Folgen der räumlichen Trennung

Als er vergeblich am Flughafen in Heathrow auf Xenia wartet und bei seinem Anruf im Hintergrund eine Männerstimme an ihrem Handy hört, fühlt er sich zunächst **gekränkt** (vgl. Z. 108). Jedoch sucht er die Probleme bei sich selbst und möchte **die Situation rational erklären**, indem er sich einredet, es habe sich um **eine falsche Verbindung** gehandelt (vgl. Z. 104 ff.). Aus dem anschließenden Gespräch mit Xenia geht hervor, dass er den Fehler bei sich sieht. Ihm wird nun anscheinend bewusst, dass seine Frau nicht nach London kommen möchte, und so folgert er, es sei „schließlich [seine] Schuld" (Z. 114). Das ändert sich, als er Xenia über den Vulkanausbruch in Island informieren möchte und er zum zweiten Mal an ihrem Handy eine Männerstimmer wahrnimmt. Zudem hört er im Hintergrund ein „unterdrücktes Lachen" (Z. 143), das er Xenia zuordnet. Er reagiert in diesem Fall aber anders und **fühlt sich**

zunehmende Verunsicherung

regelrecht „betäubt" (Z. 148). Obwohl er immer noch versucht, sich die Situation rational zu erklären, erhärtet sich für ihn immer mehr der **Verdacht, Xenia habe eine Affäre** (vgl. Z. 153 ff.), auch wenn er keine konkreten Beweise dafür hat. Eine Reihe von Fragen, die in Form der **erlebten Rede** wiedergegeben werden, legt die Gedanken Klausens offen. Diese kreisen um die Frage, wie weit der vermeintliche Betrug seitens seiner Frau wohl geht.

Abbruch der Kommunikation und Kontrollverlust

Die Verschlechterung seiner Beziehung schlägt sich zudem negativ auf seine **Wahrnehmung** nieder. Diese **trübt sich immer mehr ein**. Deutlich wird dies vor allem durch das **personale Erzählverhalten** in der Binnenhandlung der Novelle. Auf diese Weise erhalten die Leser einen Einblick in die **inneren Vorgänge** des Protagonisten und können nachvollziehen, wie dessen private Probleme zu einer mentalen Veränderung führen. Die Ereignisse im Zusammenhang mit dem Vulkanausbruch markieren dabei einen Wendepunkt. Erst danach wird die **Kommunikation zu seiner Frau abgebrochen**. Nach dem zweiten misslungenen Anruf bei Xenia kommt es **nicht mehr zu einer Interaktion**. Er macht sich nur immer wieder Gedanken über seine Ehe, ohne offene Fragen direkt mit seiner Frau zu klären. Seine zuvor sehr vernünftigen Denkansätze werden zunehmend von irrationalen Überlegungen überdeckt. Bemerkenswert ist, dass er wenige Tage nach dem Vorfall erneut eine Othello-Vorstellung besucht, der seiner Meinung nach eine Welt „der Willkür [und] der Unzuverlässigkeit des schönen Scheins" (Z. 55 f.) zugrunde liegt. Es scheint, als wolle Klausen in dieser Welt Zuflucht suchen. Auch bei seinen Recherchen **kann er sich nicht mehr fokussieren**. So berichtet er über „private[ ] Affären irgendwelcher Abgeordneter" (Z. 177), anstatt weiterhin hochwertige Kommentare zu verfassen. Dies liegt vor allem daran, dass er die Wirklichkeit nicht mehr objektiv wahrnehmen kann, sondern die mögliche Affäre seiner Frau sein Denken bestimmt.

mögliche Eskalation des Konflikts

Das Ende der Novelle ist offen gestaltet. Der Erzähler nimmt zwar wieder eine **auktoriale Perspektive** ein und mit der Rückkehr zum Haus in der Dorotheenstraße kommt die **Rahmenhandlung** zum Abschluss, die **Leser bleiben aber im Unklaren** darüber, was letztlich im Haus in der Dorotheenstraße passiert. Es ist daher nicht klar, ob Klausen am Ende tatsächlich seine Ehefrau ermordet – wie das Zitat „Put out the light" (Z. 201), das ihm seit der zweiten Aufführung von Othello nicht mehr aus dem Kopf geht, vermuten lässt – oder dies eben nur in seinen Gedanken stattfindet. Hervorgerufen wird diese Vagheit zudem durch die Verwendung des **Konjunktivs** (vgl. Z. 189 f.) sowie mehrerer **rhetorischer Fragen** (vgl. Z. 188 ff.).

Schließlich kann der vorliegende Text in **einigen Aspekten als eine klassische Novelle angesehen werden**. Dafür spricht nicht nur der dramatische Aufbau der Handlung und die geschlossene Form der Darstellung, sondern auch die inhaltliche Ausrichtung des Geschehens. In das Alltagsleben des Protagonisten bricht eine übergeordnete Macht ein, die eine tiefe innere Krise auslöst. Im vorliegenden Fall ist es der Gedanke, betrogen zu werden, der mit einem zunehmenden Kontrollverlust einhergeht. Es wird eindringlich aufgezeigt, was aus einem **rationalen Menschen** wie Gottfried Klausen werden kann, wenn er sich **in Wahnideen verstrickt**.

abschließende Interpretation

b **TIPP** **Literarische Erörterung**

Bei der zweiten Teilaufgabe sollen Sie **prüfen, ob die Hauptfigur am Othello-Syndrom leidet**. Um zu einem tragfähigen Urteil zu gelangen, müssen **Sie Argumente formulieren, die sowohl für als auch gegen diese These sprechen**. Zur Klärung der Frage ist es daneben sinnvoll, zunächst in Grundzügen **darzulegen, was man unter diesem Syndrom versteht**. Das **Zusatzmaterial** liefert hierzu die wichtigsten Informationen. Zwei Zusätze bei der Aufgabenstellung sind besonders zu beachten: Zum einen signalisiert Ihnen die Formulierung „ausgehend von Ihren Ergebnissen", dass Sie **Erkenntnisse aus der ersten Teilaufgabe im zweiten Teil Ihres Aufsatzes berücksichtigen** sollen. Darüber hinaus werden Sie aufgefordert, bei Ihrer Untersuchung auch auf **intertextuelle Verweise auf Shakespeares „Othello"** einzugehen. Beim Heranziehen geeigneter Textbelege sollten Sie daher bevorzugt jene Passagen berücksichtigen, die etwas mit diesem Shakespeare-Drama zu tun haben. Achten Sie bei der abschließenden **Synthese** darauf, die genannten Argumente nicht nur kurz zu wiederholen, sondern ein ausgewogenes Urteil zu fällen, indem Sie den Grund nennen, weshalb Sie eine Seite bevorzugen, Einschränkungen vorbringen oder Bedingungen formulieren, unter denen Sie sich einer Sichtweise anschließen können.

Wie gezeigt wurde, hängt der zunehmende Kontrollverlust des Protagonisten eng damit zusammen, dass ihm die Beziehung zu seiner Frau immer unsicherer erscheint. Schließlich hegt er den Verdacht, seine Frau Xenia habe eine Affäre. In der Psychologie spricht man vom Othello-Syndrom, wenn Eifersucht „eine pathologische Form" (Material, Z. 2) annimmt und sich in Wahnideen (vgl. Material, Z. 1) niederschlägt. Betroffene, zumeist Männer, sind von der Untreue des Partners überzeugt, lassen Erklärungsversuche ihres Gegenübers nicht zu und suchen zwanghaft nach Indizien für Seitensprünge und Lügen, teils kommt es auch zu Gewaltausbrüchen (vgl. Material, Z. 5 ff.). Ob die Hauptfigur der Novelle am Othello-Syndrom leidet, soll im Folgenden geklärt werden.

Hinführung
Informationen zum Othello-Syndrom

Auf der einen Seite scheint es nicht so, als sei die Hauptfigur von diesem Syndrom betroffen. Gottfried Klausen ist ein **klassischer Rationalist**. Daher ist es wenig plausibel, dass er anfällig für Wahnvorstellungen ist. Wenn man ein Gefühl von Eifersucht verspürt, muss man der Überzeugung des Protagonisten zufolge mit Mitteln der Vernunft prüfen, ob die Gründe für dieses Gefühl berechtigt sind oder nicht. Seine **Reaktion auf den Theaterbesuch** in London verdeutlicht diese Einstellung. Das Verhalten des Titelhelden in Shakespeares „Othello" ist Klausen suspekt. Dieser ist nach Ansicht des Protagonisten nicht in der Lage, „die Untreue, die man ihr [Othellos Frau] angedichtet hatte, auf vernünftige Weise zu hinterfragen" (Z. 60 f.). **Viel weniger noch kann Klausen einen Mord aus Eifersucht nachvollziehen.** Bei seinem zweiten Theaterbesuch beschließt er, den Saal vor dieser Szene zu verlassen. Dies begründet er damit, „der Ermordung einer Wehrlosen" (Z. 165) nicht zusehen zu wollen. Aufgrund seiner Einstellung ist also **davon auszugehen, dass Klausen den Verdacht der Untreue mit den Mitteln der Vernunft prüfen würde**. Auch sein Verhalten während des Theaterbesuchs legt offen, dass er für irrationale Eifersucht nicht empfänglich ist.

Argumentation
Kontra-Seite: rationales Denken der Figur

Auf der anderen Seite gibt es durchaus Anhaltspunkte, die dafür sprechen, dass Klausen am Othello-Syndrom leidet. Trotz seiner charakterlichen Disposition, vernünftig zu agieren, verhält sich die **Hauptfigur im Verlauf des Textes zunehmend irrational**, was auch als **Folge einer krankhaften Eifersucht** zu verstehen ist. Insbesondere die Tatsache, dass er am Handy seiner Frau wiederholt eine Männerstimme vernimmt, verunsichert Klausen. Seine Gedanken kreisen in der Folge um eine mögliche Affäre seiner Frau (vgl. Z. 155 ff.). Doch er weigert sich, dieser Angelegenheit auf den Grund zu gehen. Er **reagiert nicht auf die Rückrufe**, nachdem zum ersten Mal ein Mann am Telefon seiner Frau zu hören ist. „Dabei hätte ein Blick auf das Display genügt, um herauszufinden, ob es Xenia war […]." (Z. 102 f.) Daneben **schiebt er die Entschuldigung**, die Xenia vorbringt, um ihr Nichterscheinen am Flughafen zu erklären, **vorschnell beiseite** (vgl. Z. 111 ff.). Als Klausen zum zweiten Mal eine Männerstimme am Handy seiner Frau vernimmt, **stellt er die Kommunikation mit Xenia gänzlich ein**. „Dabei wäre es nahliegend gewesen, sich, so oder so, Klarheit zu verschaffen." (Z. 148 f.) Offenbar hat er so sehr **Angst davor, betrogen zu werden**, dass er „wie betäubt" (Z. 148) ist. Dies führt dazu, dass sich ein Gefühl von Eifersucht tief in das Leben des Auslandskorrespondenten bohren kann und schließlich pathologische Formen annimmt.

Pro-Seite: Eifersucht und Kontrollverlust

Der deutlichste Hinweis dafür, dass Klausen am Othello-Syndrom leidet, ist aber in der **Gewalttat** zu sehen, die am Ende des Textes angedeutet wird. Der Erzähler legt nahe, dass Klausen eines Nachts zum Haus in die Dorotheenstraße fährt, um seine Frau zu ermorden. „Put out the light" (Z. 163, 173) dröhnt es nach dem zweiten Theaterbesuch fortwährend in Klausens Kopf. In Anlehnung an das Shakespeare-Drama, in dem Othello das Lebenslicht seiner Ehefrau Desdemona auslöscht, ist **davon auszugehen, dass Klausen seiner Frau das Leben nimmt**, als es im Haus plötzlich dunkel wird (vgl. Z. 202 f.). Klausen lässt seiner Frau keine Chance, ihr Verhalten zu erklären, sondern tötet sie, so die Vermutung. Der Ausbruch von **Gewalt aus Eifersucht** ist typisch für das Othello-Syndrom (vgl. Material, Z. 13 ff.). Dass Klausens Kontrollverlust schließlich zu einem Mord führt, kann auch als schreckliche Folge dieser Form der krankhaften Eifersucht betrachtet werden.

mögliche Gewalttat

Abschließend bleibt festzuhalten, dass es sowohl Anhaltspunkte für als auch gegen die Deutung gibt, Klausen leide am Othello-Syndrom. Ohne Zweifel spricht die **psychische Disposition des Protagonisten** gegen diese Sichtweise. Klausen ist **Rationalist** und es ist schwer vorstellbar, dass er einem Gefühl so breiten Raum einräumt, dass es zu einer pathologischen Entwicklung kommt. Doch in dem Text geht es genau darum. Es wird vor Augen geführt, wie **in Form einer nagenden Eifersucht ein Element des Irrationalen** eine zunehmende Bedeutung im Leben eines sonst gefestigten Mannes erhält. Insofern ist es durchaus vorstellbar, dass das Othello-Syndrom von Gottfried Klausen Besitz ergreift. Sein zunehmender Kontrollverlust, der sich in irrationalen Verhaltensweisen widerspiegelt, und der **Mord an seiner Frau Xenia** sprechen für diese Hypothese. Voraussetzung ist, dass man die Lesart, Klausen bringe seine Frau am Ende tatsächlich um, zulässt. Die **zahlreichen intertextuellen Bezüge zu Shakespeares „Othello"** legen diese Vermutung nahe.

Synthese

Leiden am Othello-Syndrom bei tragischer Lesart des Textes

DRAMA

Aufgabenstellung

a Interpretieren Sie das Gespräch zwischen Galilei und Andrea im 14. Bild aus Bertolt Brechts „Leben des Galilei“ und gehen Sie dabei auf unterschiedliche Positionen zur Rolle der Wissenschaft ein.

b Prüfen Sie, ob die Form des Widerstands in Brechts Parabel „Maßnahmen gegen die Gewalt“ mit der Haltung Galileo Galileis im gegebenen Dramenauszug übereinstimmt.

Text **Bertolt Brecht (1898–1956): Leben des Galilei[1] (1939)**

Vorbemerkung: Im Auftrag Federzonis, der ebenfalls Schüler bei Galileo Galilei war, besucht Andrea Sarti auf seinem Weg von Italien nach Holland seinen ehemaligen Lehrer, der nun alt und beinahe blind ist. Als Gefangener der Inquisition steht Galilei in seinem Landhaus nahe Florenz unter Hausarrest. Vor seinem Zimmer ist ein Mönch postiert, der den Schriftverkehr des Gelehrten überwacht. Von Virginia, der etwa 40-jährigen Tochter Galileis, wird Andrea in einen großen Raum geführt, in dem ein Tisch, ein Lederstuhl sowie ein Globus stehen. Nachdem er sich in recht kühlem Ton nach dem Befinden Galileis erkundigt hat, erhebt Andrea schwere Vorwürfe gegen seinen einstigen Lehrer. Dessen Widerruf habe dazu geführt, dass sich viele Naturwissenschaftler zurückgezogen und nichts mehr publiziert hätten. Nach diesen Vorhaltungen möchte sich Andrea schon wieder verabschieden.

Auszug aus dem 14. Bild

GALILEI: Ich weiß nicht, warum du gekommen bist, Sarti. Um mich aufzustören? Ich lebe vorsichtig und ich denke vorsichtig, seit ich hier bin. Ich habe ohnedies meine Rückfälle.

ANDREA: Ich möchte Sie lieber nicht aufregen, Herr Galilei.

GALILEI: Barberini nannte es die Krätze. Er war selber nicht gänzlich frei davon. Ich habe wieder geschrieben.

ANDREA: So?

GALILEI: Ich schrieb die „Discorsi“ fertig.

ANDREA: Was? Die „Gespräche, betreffend zwei neue Wissenszweige: Mechanik und Fallgesetze“? Hier?

GALILEI: Oh, man gibt mir Papier und Feder. Meine Oberen sind keine Dummköpfe. Sie wissen, daß eingewurzelte Laster nicht von heute auf morgen abgebrochen werden können. Sie schützen mich vor mißlichen Folgen, indem sie Seite für Seite wegschließen.

ANDREA: O Gott!

GALILEI: Sagtest du etwas?

ANDREA: Man läßt Sie Wasser pflügen! Man gibt Ihnen Papier und Feder, damit Sie sich beruhigen! Wie konnten Sie überhaupt schreiben mit diesem Ziel vor Augen?

GALILEI: Oh, ich bin ein Sklave meiner Gewohnheiten.

ANDREA: Die „Discorsi“ in der Hand der Mönche! Und Amsterdam und London und Prag hungern danach!

GALILEI: Ich kann Fabrizius jammern hören, pochend auf sein Pfund Fleisch, selber in Sicherheit sitzend in Amsterdam.

ANDREA: Zwei neue Wissenszweige so gut wie verloren!

GALILEI: Es wird ihn und einige andre ohne Zweifel erheben zu hören, daß ich die letzten kümmerlichen Reste meiner Bequemlichkeit aufs Spiel gesetzt habe, eine Abschrift zu machen, hinter meinem Rücken sozusagen, aufbrauchend die letzte Unze[2] Licht der helleren Nächte von sechs Monaten.

ANDREA: Sie haben eine Abschrift?

GALILEI: Meine Eitelkeit hat mich bisher davon zurückgehalten, sie zu vernichten.

ANDREA: Wo ist sie?

GALILEI: „Wenn dich dein Auge ärgert, reiß es aus.“[3] Wer immer das schrieb, wußte mehr über Komfort als ich. Ich nehme an, es ist die Höhe der Torheit, sie auszuhändigen. Da ich es nicht fertiggebracht habe, mich von wissenschaftlichen Arbeiten fernzuhalten, könnt ihr sie ebensogut haben. Die Abschrift liegt im Globus. Solltest du erwägen, sie nach Holland mitzunehmen, würdest du natürlich die gesamte Verantwortung zu schultern haben. Du hättest sie in diesem Fall von jemandem gekauft, der Zutritt zum Original im heiligen Offizium hat.

Andrea ist zum Globus gegangen. Er holt die Abschrift heraus.

ANDREA: Die „Discorsi“!

Er blättert in dem Manuskript.

ANDREA *liest:* „Mein Vorsatz ist es, eine sehr neue Wissenschaft aufzustellen, handelnd von einem sehr alten Gegenstand, der Bewegung. Ich habe durch Experimente einige ihrer Eigenschaften entdeckt, die wissenswert sind.“

GALILEI: Etwas mußte ich anfangen mit meiner Zeit.

ANDREA: Das wird eine neue Physik begründen.

GALILEI: Stopf es untern Rock.

ANDREA: Und wir dachten, Sie wären übergelaufen! Meine Stimme war die lauteste gegen Sie!

GALILEI: Das gehörte sich. Ich lehrte dich Wissenschaft und ich verneinte die Wahrheit.

ANDREA: Dies ändert alles. Alles.

GALILEI: Ja?

ANDREA: Sie versteckten die Wahrheit. Vor dem Feind. Auch auf dem Felde der Ethik waren Sie uns um Jahrhunderte voraus.

GALILEI: Erläutere das, Andrea.

ANDREA: Mit dem Mann auf der Straße sagten wir: Er wird sterben, aber er wird nie widerrufen. – Sie kamen zurück: Ich habe widerrufen, aber ich werde leben. – Ihre Hände sind befleckt, sagten wir. – Sie sagen: Besser befleckt als leer.

GALILEI: Besser befleckt als leer. Klingt realistisch. Klingt nach mir. Neue Wissenschaft, neue Ethik.

ANDREA: Ich vor allen anderen hätte es wissen müssen! Ich war elf, als Sie eines anderen Mannes Fernrohr an den Senat von Venedig verkauften. Und ich sah Sie von diesem Instrument unsterblichen Gebrauch machen. Ihre Freunde schüttelten die Köpfe, als Sie sich vor dem Kind in Florenz beugten: die Wissenschaft gewann Publikum. Sie lachten immer schon über die Helden. „Leute, welche leiden, langweilen mich", sagten Sie. „Unglück stammt von mangelhaften Berechnungen." Und: „Angesichts von Hindernissen mag die kürzeste Linie zwischen zwei Punkten die krumme sein."

GALILEI: Ich entsinne mich.

ANDREA: Als es Ihnen dann 33 gefiel, einen volkstümlichen Punkt Ihrer Lehren zu widerrufen, hätte ich wissen müssen, daß Sie sich lediglich aus einer hoffnungslosen politischen Schlägerei zurückzogen, um das eigentliche Geschäft der Wissenschaft weiter zu betreiben.

GALILEI: Solches besteht in …

ANDREA: … dem Studium der Eigenschaften der Bewegung, Mutter der Maschinen, die allein die Erde so bewohnbar machen werden, daß der Himmel abgetragen werden kann.

GALILEI: Aha.

ANDREA: Sie gewannen die Muße, ein wissenschaftliches Werk zu schreiben, das nur Sie schreiben konnten. Hätten Sie in einer Gloriole[4] von Feuer auf dem Scheiterhaufen geendet, wären die anderen die Sieger gewesen.

GALILEI: Sie sind die Sieger. Und es gibt kein wissenschaftliches Werk, das nur ein Mann schreiben kann.

ANDREA: Warum dann haben Sie widerrufen?

GALILEI: Ich habe widerrufen, weil ich den körperlichen Schmerz fürchtete.

ANDREA: Nein!

GALILEI: Man zeigte mir die Instrumente.

ANDREA: So war es kein Plan?

GALILEI: Es war keiner.

Pause.

ANDREA *laut:* Die Wissenschaft kennt nur ein Gebot: den wissenschaftlichen Beitrag.

GALILEI: Und den habe ich geliefert. Willkommen in der Gosse, Bruder in der Wissenschaft und Vetter im Verrat! Ißt du Fisch? Ich habe Fisch. Was stinkt, ist nicht mein Fisch, sondern ich. Ich verkaufe aus, du bist ein Käufer. O unwiderstehlicher Anblick des Buches, der geheiligten Ware. Das Wasser läuft im Mund zusammen und die Flüche ersaufen. Die Große Babylonische, das mörderische Vieh, die Scharlachene, öffnet die Schenkel, und alles ist anders! Geheiliget sei unsre schachernde, weißwaschende, todfürchtende Gemeinschaft!

ANDREA: Todesfurcht ist menschlich! Menschliche Schwächen gehen die Wissenschaft nichts an.

GALILEI: Nein?! – Mein lieber Sarti, auch in meinem gegenwärtigen Zustand fühle ich mich noch fähig, Ihnen ein paar Hinweise darüber zu geben, was die Wissenschaft alles angeht, der Sie sich verschrieben haben.

Eine kleine Pause.

GALILEI *akademisch die Hände über dem Bauch gefaltet:* In meinen freien Stunden, deren ich viele habe, bin ich meinen Fall durchgegangen und habe darüber nachgedacht, wie die Welt der Wissenschaft, zu der ich mich selber nicht mehr zähle, ihn zu beurteilen haben wird. Selbst ein Wollhändler muß, außer billig einkaufen und teuer verkaufen, auch noch darum besorgt sein, daß der Handel mit Wolle unbehindert vor sich gehen kann. Der Verfolg der Wissenschaft scheint mir diesbezüglich besondere Tapferkeit zu erheischen. Sie handelt mit Wissen, gewonnen durch Zweifel. [...] Der Kampf um die Meßbarkeit des Himmels ist gewonnen durch Zweifel; durch Gläubigkeit muß der Kampf der römischen Hausfrau um Milch immer aufs neue verlorengehen. Die Wissenschaft, Sarti, hat mit beiden Kämpfen zu tun. Eine Menschheit, stolpernd in diesem tausendjährigen Perlmutterdunst von Aberglauben und alten Wörtern, zu unwissend, ihre eigenen Kräfte voll zu entfalten, wird nicht fähig sein, die Kräfte der Natur zu entfalten, die ihr enthüllt. Wofür arbeitet ihr? Ich halte dafür, daß das einzige Ziel der Wissenschaft darin besteht, die Mühseligkeit der menschlichen Existenz zu erleichtern. Wenn Wissenschaftler, eingeschüchtert durch selbstsüchtige Machthaber, sich damit begnügen, Wissen um des Wissens willen aufzuhäufen, kann die Wissenschaft zum Krüppel gemacht werden, und eure neuen Maschinen mögen nur neue Drangsale bedeuten. Ihr mögt mit der Zeit alles entdecken, was es zu entdecken gibt, und euer Fortschritt wird doch nur ein Fortschreiten von der Menschheit weg sein. Die Kluft zwischen euch und ihr kann eines Tages so groß werden, daß euer Jubelschrei über irgendeine neue Errungenschaft von einem universalen Entsetzensschrei beantwortet werden könnte. – Ich hatte als Wissenschaftler eine einzigartige Möglichkeit. In meiner Zeit erreichte die Astronomie die Marktplätze. Unter diesen ganz besonderen Umständen hätte die Standhaftigkeit eines Mannes große Erschütterungen hervorrufen können. Hätte ich widerstanden, hätten die Naturwissenschaftler etwas wie den hippokratischen Eid der Ärzte entwickeln können, das Gelöbnis, ihr Wissen einzig zum Wohle der Menschheit anzuwenden! Wie es nun steht, ist das Höchste, was man erhoffen kann, ein Geschlecht erfinderischer Zwerge, die für alles gemietet werden können. Ich habe zudem die Überzeugung gewonnen, Sarti, daß ich niemals in wirklicher Gefahr schwebte. Einige Jahre lang war ich ebenso stark wie die Obrigkeit. Und ich überlieferte mein Wissen den Machthabern, es zu gebrauchen, es nicht zu gebrauchen, es zu mißbrauchen, ganz, wie es ihren Zwecken diente. *Virginia ist mit einer Schüssel hereingekommen und bleibt stehen.* Ich habe meinen Beruf verraten. Ein Mensch, der das tut, was ich getan habe, kann in den Reihen der Wissenschaft nicht geduldet werden.

VIRGINIA: Du bist aufgenommen in den Reihen der Gläubigen. *Sie geht weiter und stellt die Schüssel auf den Tisch.*

GALILEI: Richtig. – Ich muß jetzt essen.

Andrea hält ihm die Hand hin. Galilei sieht die Hand, ohne sie zu nehmen.

GALILEI: Du lehrst jetzt selber. Kannst du es dir leisten, eine Hand wie die meine zu nehmen? *Er geht um Tisch.* Jemand, der hier durchkam, hat mir Gänse geschickt. Ich esse immer noch gern.

ANDREA: So sind Sie nicht mehr der Meinung, daß ein neues Zeitalter angebrochen ist?

GALILEI: Doch. – Gib acht auf dich, wenn du durch Deutschland kommst, die Wahrheit unter dem Rock.

ANDREA *außerstande, zu gehen:* Hinsichtlich Ihrer Einschätzung des Verfassers von dem wir sprachen, weiß ich Ihnen keine Antwort. Aber ich kann mir nicht denken, daß Ihre mörderische Analyse das letzte Wort sein wird.

GALILEI: Besten Dank, Herr. *Er fängt an zu essen.*

VIRGINIA *Andrea hinausgeleitend:* Wir haben Besucher aus der Vergangenheit nicht gern. Sie regen ihn auf. [...]

Quelle: Bertolt Brecht: Werke. Große kommentierte Berliner und Frankfurter Ausgabe, hg. v. Werner Hecht, Jan Knopf, Werner Mittenzwei und Klaus-Detlef Müller. Band 5, Stücke 5, bearb. von Bärbel Schrader und Günther Klotz, S. 187–289 („Berliner Fassung" 1955/56); für didaktische Zwecke gekürzt.

Anmerkungen:

1 Galileo Galilei (1564–1642) war ein bedeutender italienischer Mathematiker und Astronom. Anknüpfend an Nikolaus Kopernikus erklärte er mit seinem heliozentrischen Weltmodell, dass die Sonne den Mittelpunkt unseres Planetensystems bildet. Da dieses Weltbild in scheinbarem Widerspruch zum biblischen Zeugnis steht, wurde Galilei in einem 1633 stattfindenden Kirchenprozess gezwungen, seine Lehre zu widerrufen. Zudem wurde er unter lebenslangen Hausarrest gestellt und durfte fortan nicht mehr lehren.
2 Unze: antike Maß-, Gewichts- und Münzeinheit
3 biblisches Zitat aus der Bergpredigt, vgl. Mt 5,29
4 Gloriole: Heiligenschein

Material Bertolt Brecht (1898–1956): Maßnahmen gegen die Gewalt

Als Herr Keuner, der Denkende, sich in einem Saale vor vielen gegen die Gewalt aussprach, merkte er, wie die Leute vor ihm zurückwichen und weggingen. Er blickte sich um und sah hinter sich stehen – die Gewalt.

„Was sagtest du?“ fragte ihn die Gewalt.

„Ich sprach mich für die Gewalt aus“, antwortete Herr Keuner.

Als Herr Keuner weggegangen war, fragten ihn seine Schüler nach seinem Rückgrat. Herr Keuner antwortete: „Ich habe kein Rückgrat zum Zerschlagen. Gerade ich muß länger leben als die Gewalt.“

Und Herr Keuner erzählte folgende Geschichte:

In die Wohnung des Herrn Egge, der gelernt hatte, nein zu sagen, kam eines Tages in der Zeit der Illegalität ein Agent, der zeigte einen Schein vor, welcher ausgestellt war im Namen derer, die die Stadt beherrschten, und auf dem stand, daß ihm gehören solle jede Wohnung, in die er seinen Fuß setze; ebenso sollte ihm auch jedes Essen gehören, das er verlange; ebenso sollte ihm auch jeder Mann dienen, den er sähe.

Der Agent setzte sich in einen Stuhl, verlangte Essen, wusch sich, legte sich nieder und fragte mit dem Gesicht zur Wand vor dem Einschlafen: „Wirst du mir dienen?“

Herr Egge deckte ihn mit einer Decke zu, vertrieb die Fliegen, bewachte seinen Schlaf, und wie an diesem Tage gehorchte er ihm sieben Jahre lang. Aber was immer er für ihn tat, eines zu tun hütete er sich wohl: das war, ein Wort zu sagen. Als nun die sieben Jahre herum waren und der Agent dick geworden war vom vielen Essen, Schlafen und Befehlen, starb der Agent. Da wickelte ihn Herr Egge in die verdorbene Decke, schleifte ihn aus dem Haus, wusch das Lager, tünchte die Wände, atmete auf und antwortete: „Nein.“ (1930)

Quelle: Bertolt Brecht: Maßnahmen gegen die Gewalt. In: Bertolt Brecht: Geschichten vom Herrn Keuner, Berlin: Aufbau-Verlag 1958, S. 7–8.

Lösungsvorschlag

a **TIPP** **Interpretation eines dramatischen Textes**

Gefordert ist eine **vollständige Interpretation** des Textes. Dafür **fassen** Sie die Szene zunächst **in abstrahierter Weise zusammen**, sodass vor allem auch die **Struktur** des Textes deutlich wird. Im Anschluss wählen Sie **geeignete Interpretationsansätze** aus. Eine **Dialoganalyse** der beiden Protagonisten bietet bei einem Drama eine gute Grundlage für eine Weiterarbeit am Text. Dabei integrieren Sie an geeigneten Stellen Ihre Beobachtungen zu den **sprachlich-stilistischen Besonderheiten** des Textes. Ein Schwerpunkt muss in diesem Fall die **unterschiedliche Positionierung der Figuren zur Rolle der Wissenschaft** sein. Ziel ist eine **Gesamtinterpretation**, die je nach Text die gesellschaftliche Situation, Motivik/Thematik sowie eventuell literatur- und kulturgeschichtliches Kontextwissen beinhalten kann.

Basissatz
Autor, Textart, Titel, Jahr der Uraufführung, Kerninhalt

Das 14. Bild von Bertolt Brechts Drama „Leben des Galilei", das 1939 verfasst wurde, zeigt die Begegnung zwischen Andrea Sarti und dessen einstigem Lehrer, Galileo Galilei. Dieser lebt nach dem Widerruf seiner Lehre über das heliozentrische Weltbild in einem Landhaus nahe Florenz, wo er unter Hausarrest der Inquisition steht. Andrea und Galileo führen im vorliegenden Ausschnitt eine kontroverse Diskussion über die Aufgabe der Wissenschaft, nachdem der Gelehrte seinem einstigen Schüler eine geheime Abschrift seiner im Arrest angefertigten wissenschaftlichen Studien ausgehändigt hat.

Inhaltsangabe
Übergabe der „Discorsi"

Frage nach der Neubewertung des Widerrufs

Diskussion um die Rolle der Wissenschaft

Am Beginn des vorliegenden Ausschnitts eröffnet Galilei seinem ehemaligen Schützling, er habe heimlich eine Abschrift seiner Studien über die Bewegung, die „Discorsi", hergestellt. Andrea reagiert mit großem Interesse auf diese Mitteilung und erklärt, die Fachwelt habe schon lange auf diese Schrift gewartet. Er holt das Manuskript aus dem Globus, wo es Galilei zufolge versteckt ist, und betrachtet den aus Gelehrtensicht fragwürdigen Widerruf seines ehemaligen Lehrers im Lichte eines neuen strategischen Ziels: der Rettung der Wahrheit vor dem Feind. Dieses Ziel rechtfertige alle Mittel, denn Sinn und Zweck der Wissenschaft bestünden in der Vermehrung von Wissen. Es gehe also um Wissen um des Wissens willen. Galilei antwortet auf diese Erläuterungen mit einem langen Monolog, in dem er dem Wissenschaftsverständnis Andreas widerspricht und damit sein eigenes Verhalten vor der Obrigkeit als moralisch verwerflich kritisiert, da er lediglich im Sinne der Menschheit hätte handeln dürfen. Am Ende des Gesprächs verlässt Andrea mit der Abschrift den Raum.

Zu **Beginn** des vorliegenden Gesprächsausschnitts gibt Galilei vor, er wisse nicht, warum Andrea gekommen sei, und bezichtigt ihn der Ruhestörung (vgl. Z. 1). Mit diesen Angriffen möchte er seinen einstigen Schüler, der sich bisher **überwiegend distanziert** verhalten hat und im Begriff ist, seinen Besuch zu beenden (vgl. Vorbemerkung), in ein persönliches Gespräch verwickeln. Als sich Andrea dieser Art von Unterhaltung entziehen will und den Vorwurf höflich abweist (vgl. Z. 4), erklärt Galilei seinem ehemaligen Schüler, er habe eine Arbeit nicht wie vorgegeben ruhen lassen, sondern die „Discorsi" fertig geschrieben (vgl. Z. 8). **Damit ändert sich der weitere Gesprächsverlauf grundlegend**, da das Gespräch beinahe schon beendet gewesen wäre. **Andrea wird neugierig und stellt viele kurze Fragen**, da er es kaum glauben kann, dass solch bahnbrechende Arbeiten in Gefangenschaft möglich sind (vgl. Z. 7, 10).

Gesprächsanalyse

Überwindung der distanzierten Haltung

Andrea kann sich kaum noch beherrschen, nachdem Galilei die Situation geschildert hat. Er ist **entsetzt**, dass man Galilei, **metaphorisch** gesprochen, „Wasser pflügen" (Z. 17) lässt, indem die Ergebnisse seiner Arbeit unter Verschluss gehalten werden. Gleichzeitig **bewundert er seinen einstigen Lehrer umso mehr**, als sich dieser der Forschung zuwendet, ohne etwas damit erreichen zu können (vgl. Z. 18). Während Galilei dies für nichts Besonderes hält und es als Akt der Gewohnheit abtut (vgl. Z. 12 f.), **redet sich Andrea immer mehr in Rage**. Aufeinanderfolgende **Ausrufe** der Empörung bringen zum Ausdruck, wie bestürzt er ist, da seiner Meinung nach „[z]wei neue Wissenszweige so gut wie verloren" (Z. 24) gehen. Dieses Entsetzen weicht einem Gefühl erregter Neugier, als Galilei erklärt, er habe eine Abschrift angefertigt. Auf diese Nachricht **reagiert Andrea neugierig** (vgl. Z. 29) und fragt fordernd: „Wo ist sie?" (Z. 31) Diese Reaktion führt die zunehmende **Emotionalisierung** Andreas vor Augen, der seine reservierte Haltung Galilei gegenüber gänzlich aufgibt.

Anteilnahme und Neugier vonseiten Andreas

Nachdem Andrea das Werk aus dem Versteck im Globus voll Ehrfurcht genommen und begeistert im Manuskript geblättert hat (vgl. Z. 39, 41), betrachtet er seinen einstigen Lehrer mit neuen Augen. Im folgenden Gesprächsabschnitt geht es daher um die **Frage, wie der Widerruf Galileis im Kirchenprozess zu bewerten ist**. Andrea **macht sich Vorhaltungen**, Galilei aufgrund seines Widerrufs verachtet zu haben (vgl. Z. 48 f.). Dieser bekräftigt jedoch die Richtigkeit der Vorwürfe. Der **Parallelismus**, der seinem Schuldeingeständnis zugrunde liegt, verstärkt das Bekenntnis des alternden Gelehrten, versagt zu haben. Gegenüber Andrea meint er: „Ich lehrte dich Wissenschaft und ich verneinte die Wahrheit." (Z. 50 f.) **Die beiden Gesprächspartner haben also völlig unterschiedliche Ansichten** in Bezug auf Galileis Rolle im Streit um die Wahrheit.

Kontroverse um die Bewertung des Widerrufs

angemessenes Kalkül (Andrea) vs. Feigheit (Galilei)

Während Andrea davon überzeugt ist, Galilei habe richtig gehandelt, indem er die Wahrheit vor dem Feind versteckt hat, fühlt sich Galilei schuldig. Andreas **martialische Wortwahl** lässt erkennen, dass er die Auseinandersetzungen zwischen Kirche und Wissenschaft als Krieg versteht („Feind", Z. 54; „Felde der Ethik", Z. 54 f.). In den **kurzen und teilweise elliptischen** Sätzen des ehemaligen Schülers wird deutlich, dass er in seinem Lehrer einen **Helden** sieht (vgl. Z. 54 f.). Galilei kann diese Aussage nicht nachvollziehen und fordert ihn dazu auf, seine Sichtweise näher zu erläutern. Andrea gibt im Folgenden einzelne Aussagen seines ehemaligen Lehrers wieder, die ihm auch nach Jahrzehnten in Erinnerung geblieben sind. Er meint, Galilei habe schon damals stets den Weg eingeschlagen, der den meisten Erfolg versprach (vgl. Z. 62 ff.). So versucht er, den **Widerruf als klugen Schachzug** im Sinne der Wissenschaft zu interpretieren (vgl. Z. 71 ff., 80 ff.), und verharmlost durch **euphemistische Formulierungen** die Heftigkeit des Streits um die Wahrheit („volkstümliche[r] Punkt Ihrer Lehren", Z. 71; „hoffnungslose[ ] politische[ ] Schlägerei", vgl. Z. 72 f.). Andrea hat die Aussagen seines Lehrers so verinnerlicht, dass er mühelos Galileis Definition von Wissenschaft fortsetzen kann (vgl. Z. 76 ff.). So möchte er auch **beweisen, dass er Galileis Handeln versteht**.

Zuspitzung des Konflikts

Galilei ist in diesem Gesprächsteil sehr **zurückhaltend**, bringt nur **knappe Floskeln** in die Unterhaltung ein (vgl. Z. 70, 79) oder belässt es bei **Satzanfängen**, wenn er antwortet (vgl. Z. 75). Aufgrund des passiven Gesprächsverhaltens wird deutlich, dass er die Argumentation Andreas nicht verstehen kann. Er macht seinem Gegenüber klar, dass dessen Sichtweise nicht der Wahrheit entspricht, sondern die Kirche als Sieger aus der Auseinandersetzung hervorgehe (vgl. Z. 83). Die **einzige Begründung für den Widerruf sei die Furcht vor „körperliche[m] Schmerz"** (Z. 86) beim Anblick der Folterinstrumente gewesen. Das emphatische „Nein!" (Z. 87), das Andrea trotzig entgegnet, ist als Schutz vor einer **drohenden Desillusionierung** zu verstehen. Die **Äußerungen von Andrea sind nun kürzer**, was seine Enttäuschung deutlich macht. Er muss sich der Tatsache stellen, dass der Widerruf seines ehemaligen Lehrers nicht mit einem höheren Motiv verbunden war (vgl. Z. 89 f.). In der eintretenden **Stille** (vgl. Z. 91) muss Andrea nachdenken, wie er die **Haltung Galileis** nun **rechtfertigen** kann. Er kommt zum Schluss, dass **nicht das Motiv** hinter dem Handeln Galileis eine Rolle spiele, sondern **allein die Tatsache**, durch sein Überleben den wissenschaftlichen Fortschritt gesichert zu haben. Um sich selbst zu bestärken, ruft er daher laut: „Die Wissenschaft kennt nur ein Gebot: den wissenschaftlichen Beitrag." (Z. 92)

Mit dieser Aussage kommt es zu einer **Wendung** im Gespräch. Im Vordergrund steht nicht länger die persönliche Auseinandersetzung mit der Frage nach der Bewertung des Widerrufs, sondern der Austausch unterschiedlicher Sichtweisen über **Sinn und Zweck der Wissenschaft**. Dabei ändert sich auch die **Haltung der Figuren**. Während sich **Galilei** im vorigen Abschnitt eher passiv verhalten hat, übernimmt er **jetzt die Führung im Dialog**. Umgekehrt wird **Andrea** in die einstige **Rolle des Schülers** gedrängt. Zunächst jedoch sieht sich Letzterer mit dem Vorwurf konfrontiert, Galilei vorschnell entlastet zu haben. Er apostrophiert Andrea als „Vetter im Verrat" (Z. 94) und kommentiert auf sehr bildhafte Weise dessen Verhalten, wenn er meint: „Das Wasser läuft im Mund zusammen und die Flüche ersaufen." (Z. 96 f.) Damit ist gemeint, Andrea giere so sehr nach den neuen Studien, den „Discorsi", dass er deshalb seine durchaus berechtigten Vorhaltungen gegenüber Galilei einstelle. Dieser **kritisiert** weiterhin sein eigenes Handeln, betrachtet sein Verhalten aber als Ausdruck dafür, wie Wissenschaft im Allgemeinen betrieben wird. Für diese hat er nur Verachtung übrig. Er äußert seine Sichtweise in Form ausdrucksstarker Bilder, die einer biblischen Sprache entlehnt sind. So bezeichnet er die Wissenschaft als „[d]ie Große Babylonische" (Z. 97) und versinnbildlicht durch die **biblische Metapher**, dass **Forschende wie Prostituierte käuflich** sind. Vertreter der Gelehrtenzunft bilden Galileis Ansicht nach eine „schachernde, weißwaschende, todfürchtende Gemeinschaft" (Z. 98 f.). Durch diese **Aufzählung** kennzeichnet er den **Kreis der Wissenschaftler als korrupt, heuchlerisch und feige**.

Frage nach der Rolle der Wissenschaft als Wendepunkt

Andrea möchte Galilei deutlich machen, dass Angst vor dem Tod normal ist und man in solchen Momenten von seinen Idealen abkommen kann. Er **bestreitet einen Zusammenhang zwischen bestimmten Idealen und dem Sinn und Zweck der Wissenschaft**, wenn er anmerkt: „Menschliche Schwächen gehen die Wissenschaft nichts an." (Z. 100 f.) Eine Nichterfüllung von Idealen ist seiner Ansicht nach also nicht weiter schlimm, solange der Fortschritt gewahrt bleibt. **Ziel ist allein der Gewinn und die Durchsetzung neuer Erkenntnisse.** Galilei widerspricht dieser Position entschieden. Er setzt nach einer kurzen Pause zu einem langen **Monolog** an, in dem er die Aufgabe der Wissenschaft eingehend erläutert. Neben seiner **dozierenden Körperhaltung** (vgl. Z. 106) ist auch die Art und Weise, wie er sich im Folgenden äußert, ein Beleg dafür, dass er Andrea belehren möchte. Der argumentative Grundton des folgenden Vortrags zeigt sich unter anderem in **Vergleichen**, die er allegorisch ausdeutet (vgl. Z. 109 ff.), durch **Aufzeigen von Bedingungen und Folgen** (vgl. Z. 120 ff.) sowie in einem überwiegend **hypotaktischen Satzbau** (vgl. z. B. Z. 116–119). Im Zent-

Wissenschaft um ihrer selbst willen (Andrea) vs. ethische Verantwortung der Wissenschaft (Galilei)

rum steht dabei die **Frage nach der Aufgabe der Wissenschaft** im gesellschaftlichen Kontext. Galilei zufolge braucht die Gesellschaft eine **Orientierungshilfe, um von dem wissenschaftlichen Fortschritt profitieren zu können** (vgl. Z. 116 ff.). Zudem könne ein Wissenschaftler kein anderes Ziel haben, als „die Mühseligkeit der menschlichen Existenz zu erleichtern" (Z. 120). Daraufhin warnt er vor den **negativen Folgen, falls die Wissenschaft nicht länger im Dienst des Menschen** steht. Neue Maschinen sowie neue Entdeckungen können sich zum Schrecken der Menschheit entwickeln, wenn sich Forscher „selbstsüchtige[n] Machthaber[n]" (Z. 121) unterwerfen. Eine Wissenschaft, die nur um sich selbst kreise und bei der es allein um die Anhäufung neuer Erkenntnisse gehe, führe zudem zu einer wachsenden Kluft zwischen der Welt der Gelehrten und der gesellschaftlichen Basis (vgl. Z. 124 ff.). In Form einer **Antithese** bringt Galilei diese Überzeugung zum Ausdruck. Er prophezeit, der „Jubelschrei" (Z. 126) eines elitären Kreises könne zum „Entsetzensschrei" (Z. 127) einer breiten Masse werden. Schließlich äußert Galilei sein Bedauern über das Versäumnis, nicht selbst ein besseres Vorbild dafür gewesen zu sein, dass sich die Wissenschaft auch einem ethischen Anspruch stellen muss. Sein **Widerruf vor der Inquisition** ist nach den Maßstäben seines neuen Wissenschaftsverständnisses **moralisch verwerflich**. Auf der Höhe seiner Anerkennung als Gelehrter hätte er durch seine Standhaftigkeit vor Gericht ein Zeichen setzen können, dass man als Forscher allein der Wahrheit und dem Gemeinwohl verpflichtet ist. Die Nachfolger Galileis hätten dann so „etwas wie den hippokratischen Eid" (Z. 132) für Naturwissenschaftler entwickeln können. Stattdessen scheint es Galilei in der gegenwärtigen Situation, als entstammten sie einem „Geschlecht erfinderischer Zwerge" (Z. 134 f.). Mit dieser Metapher erhebt er den Vorwurf, die Forschenden wären kleingeistig und würden sich den Wünschen ihrer Auftraggeber willfährig unterordnen.

Ende des Gesprächs

keine Auflösung des Konflikts

Unterbrochen wird dieser Monolog vom Eintreten Virginias, woraufhin Galilei seinem Alltag normal nachgeht und zu essen beginnt. Der **Konflikt am Ende bleibt bestehen**, die beiden Gesprächspartner verabschieden sich eher kühl und förmlich voneinander (vgl. Z. 156). Galilei weist Andrea nochmals darauf hin, dass er mit dem ihm anvertrauten Wissen sorgfältig umgehen muss (vgl. Z. 151 f.). Andrea verlässt am Ende, geleitet von Virginia, ohne Verabschiedung von seinem einstigen Lehrer das Zimmer (vgl. Z. 157 f.).

Abschließend bleibt festzuhalten, dass es bei der Begegnung zwischen Galilei und seinem ehemaligen Schüler um mehr als nur Vergangenheitsbewältigung geht. Beide Figuren **verkörpern unterschiedliche Konzepte zur Aufgabe der Wissenschaft**. Insofern liefert das Aufeinandertreffen der beiden Gelehrten wichtige Impulse für die Überlegung, welche Rolle die Wissenschaft für die gegenwärtige und künftige Gesellschaft spielen soll. Nach **Ansicht Andreas** ist die **Wissenschaft nur sich selbst verpflichtet**. Sie habe allein die Aufgabe, einen Erkenntnisprozess voranzutreiben. „Menschliche Schwächen gehen [sie] nichts an." (Z. 100 f.) Demgegenüber betont **Galilei**, Wissenschaft müsse im Dienst des Menschen stehen. Sie dürfe sich nicht in einen Elfenbeinturm zurückziehen. Er spricht sich **für eine sozial verantwortliche Forschung** aus, die sowohl das naturwissenschaftliche Streben nach Wahrheit voranbringt, als auch das Wohl der Allgemeinheit fördert. Bertolt Brecht hat selbst die schrecklichen Folgen einer entmenschlichten Wissenschaft erfahren, als über Hiroshima und Nagasaki am Ende des Zweiten Weltkriegs Atombomben abgeworfen wurden. Auch nach diesem Ereignis **beteiligten sich Wissenschaftler am atomaren Wettrüsten** im Kalten Krieg. Der Monolog Galileis in dem Drama ist vor diesem Hintergrund als **Mahnung** an die Forschenden zu verstehen, **nicht allein das technisch Machbare**, sondern auch die **Verantwortung gegenüber ihren Mitmenschen** im Blick zu behalten.

Fazit
Galileis Monolog als Mahnung für eine verantwortungsvolle Forschung

b **TIPP** **Literarische Erörterung**

Bei der zweiten Teilaufgabe sollen Sie **überprüfen**, ob sich die Form des Widerstands in Brechts Parabel „Maßnahmen gegen die Gewalt" mit der Haltung Galileis deckt. Dazu muss der **Text knapp vorgestellt** werden, um inhaltliche Aspekte zu sichern. Anschließend sollte die Art des Widerstands im vorliegenden Dramenauszug erläutert werden. Im Anschluss **prüfen Sie, inwiefern die Ergebnisse zueinander passen**. Dazu können Sie **Vergleichsaspekte benennen** und diese **argumentativ** – nach dem Schema „Behauptung, Begründung, Textbeleg" – entfalten. Am Ende steht ein **abschließendes Fazit**, in dem Sie aufgrund Ihrer Analyseergebnisse die zentralen **Unterschiede und Gemeinsamkeiten zusammenfassen**.

Auch in einem weiteren Text von Bertolt Brecht wird die Frage aufgegriffen, welche **Form von Widerstand** zu leisten ist, **wenn Herrschaft missbraucht wird**. In der **Parabel „Maßnahmen gegen die Gewalt"**, einem Auszug aus den „Geschichten vom Herrn Keuner" aus dem Jahr 1930, lässt Bertolt Brecht Herrn Keuner zu

Inhalt der Parabel

Wort kommen. Herr Keuner, ein „**Denkende**[**r**]“ (Material, Z. 1), hält vor einem größeren Publikum einen Vortrag, in dem er die **Gewalt kritisiert**. Als die personifizierte Gewalt ihn unvermittelt fragt, was er gesagt habe, antwortet er, er **habe sich für die Gewalt ausgesprochen**. Seinen Schülern, die ihn daraufhin nach seinem Rückgrat fragen, erklärt er, er müsse **länger als die Gewalt leben**. In Form einer weiteren Parabel veranschaulicht er seine Position. Diese **Binnenparabel** stellt Keuners Verhalten, die Gewalt überlisten zu wollen, indem er sich ihr unterwirft, **als positiv dar**. Herr Egge, der sich in der Binnenparabel aus Angst vor Bestrafung dem Agenten fügt, ist scheinbar in der gleichen Lage wie Herr Keuner. Beide sprechen sich zwar **gegen die Gewalt aus**, in erster Linie denken sie aber **an ihr eigenes Leben** und **fügen sich** – zumindest nach außen hin – einer höheren Macht. Aufgrund dieser thematischen Parallelen soll im Folgenden geprüft werden, welche **Gemeinsamkeiten und Unterschiede sich in der Art des Widerstands**, die in beiden Texten gezeigt wird, feststellen lassen.

Vergleich
Gemeinsamkeit: ähnliche Kommunikationssituation

Als Gemeinsamkeit ist anzuführen, dass es im gegebenen Dramenauszug sowie in der Parabel bezüglich der **Kommunikationssituation** Parallelen gibt. Sowohl Herr Keuner und seine Schüler als auch Galilei und Andrea stehen in einem **Lehrer-Schüler-Verhältnis**. Beide **Lehrer**, der Denkende und Galilei, **verhalten sich** angesichts von drohender Gewalt **anders, als die Schüler es von ihnen erwartet hätten**. Beide reagieren ähnlich, als es letztlich um ihr Leben geht, und verleugnen ihre Überzeugung auf direkte Nachfrage (vgl. Vorbemerkung/Anmerkung 1; Material, Z. 5). Zudem agieren sowohl Galilei als auch Herr Keuner gleich, wenn es darum geht, ihr Verhalten, das ihren Schülern äußerst fragwürdig erscheint, zu rechtfertigen bzw. ihre Position darzulegen: Sie **erläutern ihre Sichtweise in Monologen** (vgl. Z. 106–141; Material, Z. 10 ff.).

Unterschied: passiver Widerstand als gerechtfertigt (Parabel)

Dabei argumentieren sie jedoch unterschiedlich: **Herr Keuner** betrachtet sein Verhalten, also das Erdulden von Gewalt, um einen aussichtslosen Kampf zu vermeiden, als klug und nachhaltig. Es gehe allein darum, etwas zu erhalten, was die Herrschaft des Unrechts überlebt. Ein **stiller Widerstand** sei also völlig legitim und kein Zeichen von Schwäche, sondern von **Klugheit** (vgl. Material, Z. 7). Letzten Endes siege auf diese Weise der Widerstand (vgl. Material, Z. 23). Dieser Ansicht würde sich auch Andrea Sarti anschließen (vgl. Z. 81 f.).

aktiver Widerstand zur Durchsetzung eines ethischen Anspruchs

Galilei ist demgegenüber der Meinung, man müsse auch **aktiv Widerstand leisten**, um eine Wendung zum Guten herbeizuführen. Er bedauert es zutiefst, seine Lehre vor der Inquisition widerrufen zu haben. Ihm ist bewusst, dass „**die Standhaftigkeit eines Man-**

nes große Erschütterungen [hätte] hervorrufen können“ (Z. 130 f.). Durch sein **Vorbild** hätte er zeigen können, dass die wissenschaftliche Suche nach Wahrheit auch an einen ethischen Anspruch geknüpft ist. Indem man Unrecht allerdings passiv erduldet, **überlässt man Machthabern das Feld**. In Bezug auf die Forschung heißt das, dass Erfindungen missbraucht werden können. Nicht Fortschritt, sondern „ein Fortschreiten von der Menschheit weg“ (Z. 125) sei letztlich die Folge. Ein duldsames Verhalten gegenüber der Obrigkeit gefährdet Galileis Ansicht nach also die Menschheit. Auch in diesem Aspekt ist Herr Keuner anderer Meinung, da er seinen Schülern deutlich macht, man müsse länger leben als die Gewalt, um etwas bewirken zu können. Daher sei ein stiller Widerstand völlig legitim und eben kein Zeichen der Schwäche, sondern eine Notwendigkeit (vgl. Material, Z. 7 f.).

Fazit
Unterschiede im Kontext der Biografie Brechts

Als Fazit lässt sich schließlich festhalten, dass es in beiden Texten **sowohl Parallelen als auch Unterschiede** gibt, was die Ausübung von Widerstand gegen herrschendes Unrecht betrifft. Während in beiden zu vergleichenden Texten Gemeinsamkeiten in Bezug auf die zugrunde liegende Kommunikationssituation festzustellen sind, fallen **Unterschiede** auf, was die Bewertung einer passiven Form des Widerstands betrifft. Diese können auch in einen Zusammenhang mit der **Biografie Brechts** gebracht werden. Während er beim Verfassen der Geschichten von Herrn Keuner im Jahr 1930 noch davon überzeugt war, dass stiller Widerstand letztlich zum Erfolg führen würde, stellte er 1939 bereits fest, dass dies vermutlich ein Trugschluss war. In der rückblickenden Betrachtung im dänischen Exil wurde ihm klar, dass nur ein **aktiver Einsatz für Werte und Normen Gewaltmissbrauch verhindern kann**. Er revidiert die zunächst positive Bewertung stiller Formen des Widerstands und gibt sie – auch durch sein literarisches Schaffen (vgl. Bedauern Galileis über mangelnde Courage im Kirchenprozess) – der Verachtung preis.

PRÜFUNGSAUFGABEN

FOS | BOS 13 Bayern ▪ Abiturprüfung 2017
Deutsch – Aufgabe II

LYRIK

Aufgabenstellung

Erschließen Sie die beiden Gedichte nach Inhalt, Sprache sowie Form, und ziehen Sie einen Vergleich.

Text 1 **Detlev von Liliencron (1844–1909): Die letzte Rose (1909)**

Die Fahne der Vergessenheit,
Sie mußte lange wehen:
Auf meinen Wegen traf ich die,
Die lang ich nicht gesehen.

Woher, wohin, wie ging es dir,
Du hast so schmale Wangen.
Wenn Zeit du hast, komm mit. Bald hat
Sie mir am Arm gehangen.

An einem Flusse schritten wir,
Und in den alten Garten
Sind wir getreten, wo wir einst
Sehnsüchtig auf uns harrten.

Wir sprachen viel, wir lachten auch,
Erzählten uns Geschichten.
Wie anders damals. Heute wars
Ein mühelos Verzichten.

Wir kehrten in die Stadt zurück,
Von neuem riß der Faden.
Doch eh wir schieden, blieb ich stehn
Vor einem Blumenladen.

Die schönste Rose wählt ich aus,
Für sie die letzte Spende,
Und küßte ihr zum letzten Mal
Dankbar die lieben Hände.

Zwei Straßenbahnen kreuzten sich,
Als wir das Haus verlassen.
Wir stiegen ein – in Nord und Süd
Verschlangen uns die Gassen.

Aus: Liliencron, Detlev von: Ausgewählte Werke. Hrsg. von Walter Hettche. Neumünster 2009, S. 228 f.

Text 2 Erich Kästner (1899–1974): Repetition des Gefühls (1929)

Eines Tages war sie wieder da …
Und sie fände ihn bedeutend blässer.
Als er dann zu ihr hinübersah,
meinte sie, ihr gehe es nicht besser.

Morgen abend wolle sie schon weiter.
Nach dem Allgäu oder nach Tirol.
Anfangs war sie unaufhörlich heiter.
Später sagte sie, ihr sei nicht wohl.

Und er strich ihr müde durch die Haare.
Endlich fragte er dezent: „Du weinst?“
und sie dachten an vergangne Jahre.
Und so wurde es zum Schluß wie einst.

Als sie an dem nächsten Tag erwachten,
waren sie einander fremd wie nie.
Und so oft sie sprachen oder lachten,
logen sie.

Gegen Abend musste sie dann reisen.
Und sie winkten. Doch sie winkten nur.
Denn die Herzen lagen auf den Gleisen,
über die der Zug ins Allgäu fuhr.

Aus: Kästner, Erich: Kästner für Erwachsene.
Ausgewählte Schriften. Band 1. Zürich: Atrium 1983, S. 133 f.

Lösungsvorschlag

TIPP **Gedichtvergleich**

Der diesjährige Gedichtvergleich zeichnet sich dadurch aus, dass zum einen der zeitliche Abstand zwischen den beiden Texten vergleichsweise gering ist und zum anderen eine spezielle Gefühlssituation auf ähnliche Art und Weise in beiden Texten thematisiert wird. Ebenso sind die formalen Unterschiede weniger signifikant als bei anderen Vergleichsaufgaben. Auch wenn es sich in beiden Fällen um Literatur der Moderne handelt, werden eher **konventionelle Gestaltungsmittel** der Lyrik angewendet. Thematisch sind beide Gedichte der **Liebeslyrik** zuzuordnen, da in den Texten **Erinnerungen an die gemeinsame Zeit** und die **Neubestimmung des gegenwärtigen Verhältnisses** der inzwischen getrennt lebenden Partner behandelt werden. Das Motiv beider Gedichte ist komplex, da es nicht nur um „Abschied" oder „Begegnung" geht, sondern um eine Kombination aus beiden Motiven. Die Beziehung der einstigen Liebespaare scheint auch zeitlich auf frühere Ereignisse zu verweisen, sodass sich in beiden Gedichten **Gegenwart und Vergangenheit durchdringen**. Für die Interpretation ist es hilfreich, **sich in die Figuren hineinzuversetzen** und sich zu überlegen, welche Gefühle bei der zufälligen Begegnung mit dem Ex-Partner mitschwingen können. Bei diesem Gedichtvergleich sollten Sie nicht vergessen, dass auch Gemeinsamkeiten und Übereinstimmungen ein wichtiges Ergebnis einer Gegenüberstellung sein können.

Einleitung
Verschränkung zweier Motive

Zu den zentralen Themen und Motiven von Gedichten gehören seit jeher die Beziehungen zwischen Liebenden. Dabei begegnen immer wieder bestimmte Situationen wie der Moment des Sich-Verliebens, der Lobpreis des jeweiligen Partners, aber auch die Erfahrung von Eifersucht und Trennung. Stehen meist sehr allgemeine und grundsätzliche Konstellationen dieser Motive im Vordergrund, so haben wir es bei den beiden hier zu vergleichenden Gedichten mit einer relativ speziellen und in beiden Fällen ähnlichen Situation zu tun, nämlich einer Kombination von **Wiedersehen und Trennung eines einstigen Liebespaars**.

Hauptteil
Gedicht 1: Autor, Titel, Erscheinung, Form und Inhalt

Das Gedicht „**Die letzte Rose**" von **Detlev von Liliencron** stammt aus dem Jahr 1909. Die **sieben Strophen zu je vier Versen** machen inhaltlich wie formal einen geschlossenen Eindruck. Alle Strophen weisen einen **Kreuzreim** in Vers 2 und 4 auf, die Verse 1 und 3 reimen sich nicht. Vom Versmaß her wird abwechselnd ein **drei- bzw. vierhebiger Jambus** eingesetzt, der dem gleichmäßig fortschreitenden Erzählton des Gedichts entspricht. In den sieben Strophen wird **aus der Rückschau die ungeplante Begegnung des lyrischen Ich mit der einstigen Geliebten** beschrieben. Nach einem zufälligen Aufeinandertreffen unternimmt das ehemalige Liebespaar einen Spaziergang zu vertrauten Orten. Zurück in der Stadt schenkt das lyrische Ich der Frau eine Rose, bevor beide wieder getrennte Wege gehen.

Inhalt der Einzelstrophen

In der **ersten Strophe** wird bildhaft die lange Zeit seit der letzten Begegnung angedeutet („Die Fahne der Vergessenheit,/Sie mußte lange wehen", V. 1 f.). Die **zufällig getroffene, alte Liebe** wird nicht namentlich genannt oder mit einem Attribut versehen, sondern erscheint in einer Relativsatzkonstruktion („traf ich die,/Die lang ich nicht gesehen", V. 3 f.). Nachdem in **Strophe 2** belanglose **Wiedersehensfloskeln**, angedeutet durch Ellipsen (vgl. V. 5), ausgetauscht werden, fällt die spontane Entscheidung, etwas Zeit miteinander zu verbringen. Die **nächste Einheit** schlägt einen sentimental-wehmütigen Ton an, wenn **Orte** („Flus[s]", V. 9; „Garten", V. 10) aufgesucht werden, die für das einstige Liebespaar **eine besondere Rolle** spielten. In der **vierten Strophe** kommt es zu einem **intensiveren Austausch** zwischen den beiden Personen, wobei der Wunsch nach größerer Nähe nicht vorhanden ist. Das lyrische Ich stellt nüchtern fest: Es war „[e]in mühelos Verzichten" (V. 16). Dass sich die einstigen **Geliebten trotz der Freude über das Wiedersehen fremd** sind, zeigt die **fünfte Strophe**, die auf bildhafte Weise das nicht mehr vorhandene Begehren zum Thema hat. Im Folgenden dominiert das **Abschiedsthema**, das mit sehr konventionellen Symbolen zum Ausdruck gebracht wird. Als Zeichen der Dankbarkeit überreicht das lyrische Ich der Frau „[d]ie schönste Rose" (V. 21). Der artige Abschied in der **vorletzten Strophe** wirkt fast förmlich. In der **letzten Strophe** wird das **Auseinanderdriften der beiden Lebenswege** im Bild der in gegensätzliche Richtungen fahrenden Straßenbahnen fassbar.

sprachliche Merkmale: bildhafter Ausdruck

Zur **Sprache des Gedichts** ist zu sagen, dass trotz des „neuromantischen" Tons die bildhafte Gestaltung des Textes eher begrenzt erscheint. Man hat den Eindruck, dass eine tendenziell konkrete und **konventionelle Wortwahl** dominiert. Bildhafte Ausdrücke stammen v. a. aus dem Bereich der **Weg- und Naturmetaphorik** und sind von der Deutungsbreite her nicht sehr extensiv. Dies lässt sich schon bei der ersten übertragenen Wendung, der „Fahne der Vergessenheit" (V. 1), feststellen. Diese **Metapher** lässt auf eine lange Trennungszeit zwischen den beiden Liebenden schließen, denn das „[W]ehen" (V. 2) des Windes stellt einen kontinuierlichen Vorgang dar. Dass die Fahne „lange wehen [mußte]" (V. 2), deutet auf eine durchaus innige Liebesbeziehung hin, andernfalls hätte sich das lyrische Ich nicht so intensiv bemühen müssen, die gemeinsame Zeit zu vergessen.

Die auffallende **Alliteration der „W-Fragen“** („Woher, wohin, wie ging es dir“, V. 5) enthält zwar eine Klimax des Interesses am Schicksal des anderen, doch spiegelt die schnelle Aufeinanderfolge der Fragen auch eine gewisse Oberflächlichkeit wider.

Enjambement und wir-Form als Zeichen der Annäherung

Auf die auf Äußerlichkeiten gerichteten Fragen und Feststellungen folgt eine Einladung, gemeinsam Zeit zu verbringen (vgl. V. 7). Der folgende **Zeilensprung** („bald hat/Sie mir am Arm gehangen“, V. 7 f.) verdeutlicht auf sinnfällige Art und Weise, dass das einstige Paar den Versuch unternimmt, eine Verbindung zueinander herzustellen und die Distanz zu überwinden, auch wenn die Formulierung nicht allzu viel empfundene Anziehungskraft aufseiten des lyrischen Ich ausdrückt. Der Sprecher lässt eine emotionale Beteiligung nicht erkennen. Die anschließend fast episch wiedergegebene „Erinnerungstour“ (vgl. Strophe 3 bis 5) ist von einer **Dominanz der ersten Person Plural** gekennzeichnet. Erst bei der Verabschiedung kehrt der Sprecher wieder zum „[I]ch“ (V. 19) zurück.

symbolische Räume

Davor wandelt das einstige Liebespaar auf den Spuren der gemeinsamen Vergangenheit und es sucht Orte auf, die in seiner Beziehung eine besondere Rolle spielten. „Flus[s]“ und „Garten“ werden zum einen durch **emphatische Umstellungen** besonders hervorgehoben, zum anderen versinnbildlichen sie als **naturromantische Motive** die Liebe, die das Paar einstmals verband („an einem Flusse“, V. 10; „und in den alten Garten“, V. 11).

Antithese und Metapher zur Kennzeichnung der Trennung

Das frühere sehnsuchtsvolle Warten aufeinander (vgl. V. 11 f.) ist allerdings einem harmlosen, vordergründig fröhlichen Plaudern gewichen (vgl. V. 13 f.). Die ehemaligen Sehnsuchtsorte können die alten Empfindungen einer innigen Liebesbeziehung nicht auferwecken, sondern führen im Gegenteil die eingetretene Veränderung umso klarer vor Augen. Überdeutlich wird der Gegensatz in der antithetischen Wendung „Wie anders damals. Heute wars / [e]in mühelos Verzichten“ (V. 15 f.). Die vierte Strophe bildet somit nicht nur die formale Mitte, sondern auch inhaltlich eine Art „Achse“ des Gedichts. Die gemeinsam verbrachte Zeit infolge des zufälligen Treffens bestätigt, dass keinerlei Liebe mehr vorhanden ist. Aus dem Liebespaar sind alte Bekannte geworden. Dass das Paar an die gemeinsame Vergangenheit nicht mehr anknüpfen kann, wird nach der Rückkehr in die Stadt deutlich, denn „[v]on neuem riß der Faden“ (V. 18). Die **Metapher** zeigt, dass der Versuch, sich einander wieder anzunähern, zum wiederholten Mal gescheitert ist.

Symbol für förmlichen Abschied

In der vorletzten Strophe wird der endgültige Abschied ausgerechnet durch die nachträglich überreichte Rose, die allgemein als „anerkanntes“ **Symbol der Liebe** gilt, besiegelt. Man glaubt fast, eine

Aussage wie „Das gehört sich so!“ hinter der Liebesgabe herauszuhören. Bemerkenswert ist, dass die Gabe nicht als Geschenk, sondern lediglich als „Spende“ (V. 22) bezeichnet wird. Aus der Liebesgabe wird so eine Geste der Dankbarkeit, wenn nicht gar des Mitleids. Den letzten Kuss beim Überreichen der Rose erhält die einstige Geliebte auch nicht auf den Mund, sondern auf „die lieben Hände“ (V. 24). Das Gefühl von Dankbarkeit wird dadurch besonders hervorgehoben, dass das entsprechende Adjektiv („dankbar“, V. 24) das jambische Metrum an dieser Stelle durchbricht. Die Wiederbegegnung ist endgültig zur schönen und förmlichen Anstandshandlung geworden, wobei die Wendung „zum letzten Mal“ (V. 23) keinerlei Zweifel am finalen Abschied aufkommen lässt.

Raummetaphorik zur Kennzeichnung der Trennung

Die **Bildhaftigkeit der letzten Strophe** ist darauf angelegt, die Trennung als solche zu besiegeln. Das eindrucksvolle Bild der beiden „Straßenbahnen“ (V. 25), die in entgegengesetzte Richtungen („Nord und Süd“, V. 27) fahren, nachdem sie sich kurz auf gegenüberliegenden Gleisen kreuzten, steht stellvertretend für die flüchtige Begegnung der beiden Personen im Gedicht, die sich unwiederbringlich in verschiedene Himmelsrichtungen verabschieden. Die abschließende Formulierung rückt die schon in der fünften Strophe erwähnte Stadt als Schauplatz in den Vordergrund. Die **personifizierten Gassen** der Stadt „[v]erschl[i]ngen“ (V. 28) das nun getrennte Paar. Das Bild des Verschlingens bringt das Moment der Unausweichlichkeit der nun abgeschlossenen Trennung zum Ausdruck. Es ist schwer vorstellbar, dass die einstige Liebe eine Neuauflage erhalten könnte.

Zusammenfassende Deutung

Zusammenfassend schildert Liliencron also eine **zerbrochene Beziehung**, die durch eine eher zufällige Begegnung nicht neu belebt werden konnte. Das lyrische Ich wirkt relativ wenig betroffen und insgesamt dominieren sprachliche Mittel und metaphorische Ausdrücke, die ein **distanziertes Verhältnis** zur einstigen Geliebten veranschaulichen. Der Abschied wird in der vorletzten Strophe eher als „galante Szene“, und nicht als ein schreckliches Trennungsdrama dargestellt.

Gedicht 2: Autor, Titel, Erscheinung, Form und Inhalt

Das fünfstrophige Gedicht „**Repetition des Gefühls**“ aus dem Jahre 1929 stammt von **Erich Kästner** und ist der „Neuen Sachlichkeit“, einer literarischen Kunstrichtung der Weimarer Zeit, zuzuordnen. In **fünf vierzeiligen Strophen** wird erzählt, wie ein **einstiges Liebespaar nach langer Zeit aufeinandertrifft und versucht, die einstige Nähe wiederherzustellen**. Die Strophen weisen einen **Kreuzreim** auf, das Versmaß ist nahezu durchgängig ein **5-hebiger Trochäus**. Dieses Metrum kommt dem nüchtern-distanzierten Ton des Gedichts, dessen Inhalt von einer **Außerperspektive** wiedergegeben wird, entgegen. Die feste Form – neben dem starren Metrum wirkt auch der **durchgängige Wechsel der Kadenzen** bei den Endreimen, stets von stumpf (V. 1/3) zu klingend (V. 2/4), eher streng – kontrastiert auf reizvolle Weise mit dem Wechselbad der Gefühle, das die beschriebenen Personen erleben.

Inhalt der Einzelstrophen

Wie bei Liliencron **dominiert äußere Handlung** das Gedicht. Auch hier wird von einem Wiedersehen „erzählt". Da ein lyrisches Ich fehlt, wirkt der Blick auf das Geschehen fast auktorial. Der Verlauf einer unvermittelten Begegnung einstiger Geliebter, die nur mit den **Pronomen „er"** und **„sie"** apostrophiert werden, steht im Zentrum der lyrischen Darstellung. In der **ersten Strophe** wird das **unerwartete Aufeinandertreffen** von „ihm" und „ihr" thematisiert, wobei zu Beginn ein wenig schmeichelhafter Austausch über das Befinden des jeweils anderen stattfindet. In der **zweiten Einheit** deutet die Frau an, nur auf der Durchreise zu sein und Pläne für eine weitere Reise zu haben. Im Verlauf des **Gesprächs** kommt es zu einem abrupten Stimmungswandel bei der Frau, deren anfangs gute Laune in Unwohlsein umschlägt. Zu Beginn der **dritten Strophe** zeigt der Mann eine mitleidige, wenn auch distanzierte Reaktion auf die Niedergeschlagenheit der Frau, als er nüchtern feststellt: „Du weinst?" (V. 10). Durch die **Erinnerung an die gemeinsame Zeit** schafft es das einstige Liebespaar, das Gefühl der Fremdheit zu überwinden und sich einander anzunähern. Dass es sich aber bei der „Neuauflage" der Beziehung nicht um einen Neuanfang handeln kann, zeigt der Einschnitt in **Strophe vier** auf. Am Morgen nach der gemeinsam verbrachten Nacht sind die beiden „einander fremd wie nie" (V. 14). Der Sprecher stellt apodiktisch fest, dass es sich um **kein erneutes Liebesglück** handelt, denn „so oft sie sprachen oder lachten, / logen sie" (V. 15 f.). Dieser Urteilsspruch des außenstehenden Beobachters lässt keinerlei Zweifel am Scheitern der Liebeserfüllung. So gerät auch der **Abschied** in der **fünften und letzten Strophe** des Gedichts zu einer nüchternen Angelegenheit – hier dem ersten Text sehr ähnlich –, die auf das „Winken" reduziert wird (vgl. V. 18). Mit einer der wenigen metaphorischen Formulierungen des Textes wird die buchstäbliche „Herzlosigkeit" bei der Trennung und letztlich der ganzen Wiederbegegnung drastisch zum Ausdruck gebracht.

sprachliche Merkmale: reduzierte und distanzierte Sprache

Hinsichtlich der **Sprachgestaltung** lassen sich ähnliche Beobachtungen anstellen wie beim ersten Gedicht. Auch hier werden **Bildsprache und schmückende Elemente eher sparsam**, ja sogar noch stärker „dosiert" eingesetzt als im ersten Text. Bereits der einleitende Vers enthält ein Stilmittel der Unvollständigkeit. Die Grundsituation des wohl seit längerer Zeit getrennten Paares wird mithilfe einer **Aposiopese** („Eines Tages war sie wieder da …", V. 1) angedeutet. Die gesamte Ausgangssituation wird mit diesem unvermittelten Beginn bereits umschrieben. Die durchgängige Verwendung des **Präteritums** als Erzähltempus signalisiert aber auch, dass die Wiederbegegnung eine bereits abgeschlossene Handlung darstellt, und schafft zugleich Distanz. Wie beim ersten Text bildet der „Small Talk" über Aussehen und Gesundheit den Aufhänger der erneuten Kommunikation, wobei die weibliche Person dem namentlich nicht genannten Herrn einen schlechten Zustand bescheinigt, was aber auch ironisch verstanden werden kann. Die gewagte **Reimkombination** der Komparative „blässer" (V. 2) und „nicht besser" (V. 4) deutet auf einen eher holprigen Gesprächsbeginn der beiden hin, auch weil ein eher banaler Einstieg, die Frage nach dem Wohlbefinden, gewählt wurde. Es fehlt wie beim ersten Gedicht weitgehend die emotionale Beeinflussung der lyrischen Sprache durch starke Gefühlsregungen. In Bezug auf die Kommunikation äußert sich dies in Form der **indirekten Rede**, durch die Distanz zum eigentlich emotionalen Ereignis ausgedrückt wird. Die einstige Beziehung, die durch das Treffen wieder neu belebt werden könnte, ist also deutlichen Vorbehalten ausgesetzt. Auch in der zweiten Strophe zeigt sich, dass die Begegnung unter keinen guten Vorzeichen steht. So teilt die Frau lediglich mit, sie „wolle [ins] […] Allgäu oder nach Tirol" (V. 5 f.). Sowohl die Verwendung des **Konjunktivs** als auch die **unbestimmte Angabe der Reiseziele** machen ihre Unentschlossenheit und Orientierungslosigkeit deutlich. Die adverbiale Bestimmung „[m]orgen [A]bend" (V. 5) weist darauf hin, dass den beiden nur eine kurze gemeinsame Zeit bleibt.

indirekte Rede und Antithese als Zeichen von Distanz

Dass die Frau zunächst „unaufhörlich heiter" (V. 7) ist, wirkt aufgesetzt angesichts der Tatsache, dass sie später über Unwohlsein klagt (vgl. V. 8). Durch die **antithetische Gegenüberstellung** ihrer Befindlichkeit wird ihre unsichere Gefühlslage verdeutlicht. Auch in dieser Strophe wird das Geschehen erzählerisch objektiv betrachtet, was durch die **indirekte Rede** (vgl. V. 5, 8) zum Ausdruck kommt. Die mittlere, dritte Strophe markiert, ähnlich der vierten Strophe des ersten Gedichts, einen Wendepunkt. Nun wird auch der Mann stärker in den Blick genommen. Dieser bringt der verletzten Frau aber keine Liebes-, sondern eher eine Mitleidsgeste entgegen. Er streicht ihr durch das Haar (vgl. V. 9) und fragt in der einzigen **wörtlichen Rede** des Textes: „Du weinst?" (V. 10). Obwohl es sich um eine direkte Zuwendung zur Frau handelt, entlarven die **Adjektive** „müde" (V. 9) und „dezent" (V. 10), dass sich der Mann seinem Gegenüber nicht mit voller Aufmerksamkeit und ganzem Herzen widmet. Auch die **Anaphern** – die Verse werden häufig mit „und" eingeleitet (vgl. V. 9, 11, 12) – vermitteln ein Gefühl von Belanglosigkeit und Monotonie. Dennoch macht sich im Folgenden eine Veränderung bemerkbar. Die vergangene Zeit wird wieder lebendig. Nun werden auch beide Partner, die sich an „vergangne Jahre“ (V. 11) erinnern, in der **3. Person Plural** zusammengenommen. Das Zueinanderfinden wird jedoch mit der größten Sachlichkeit und Distanz ausgedrückt. Dieses „Verschleiern“ setzt sich auch fort, als die offenbar erneute erotische Begegnung auf abstrakte Weise **paraphrasiert** wird: „Und so wurde es zum Schluß wie einst.“ (V. 12) Dies ist nicht nur sprachlich unverbindlich und mehrdeutig, sondern auch vom Kontext her sehr fragwürdig, da der anfangs distanzierte Umgang seit der Wiederbegegnung keine Annäherung nahelegt. Wie der **Titel des Gedichts** deutlich macht, handelt es sich eben nicht um eine Neubelebung der zerbrochenen Beziehung, sondern lediglich um eine „Repetition des Gefühls“.

Betonung der Entfremdung durch Vergleich und Bruch im Metrum

Dass die Szene kein echtes Liebeserleben darstellt, demonstriert die Sprache der vierten Strophe eindrucksvoll: Mit der **Konjunktion** „[a]ls“ (V. 13) wird ein Einschnitt vorbereitet, der einen zeitlichen Sprung markiert. Am nächsten Morgen erwachen die beiden nämlich nach der gemeinsam verbrachten Nacht und „waren [...] einander fremd wie nie“ (V. 14). Der drastische **Vergleich** kennzeichnet den Tiefpunkt ihres Zusammenseins. Die zu erahnende Liebesnacht hat das Paar nicht zusammengeführt, sondern aufs Äußerste entfremdet. Dabei wird das beobachtbare Verhalten durchaus intimer gezeichnet als am Anfang des Gedichts: Die Wendung „sprachen oder lachten“ (V. 15) bildet zumindest klanglich durch **Assonanzen** eine gewisse Einheit, die aber durch die formal aus dem Rahmen fallende Verszeile („logen sie“, V. 16) entwertet wird: Hier stimmen nicht nur die Beziehung und die Aufrichtigkeit in keiner Weise mehr, sondern auch das Gedicht gerät metrisch und sprachlich an eine nicht zu verdeckende „Kante“, denn das ansonsten streng eingehaltene Versmaß des **5-hebigen Trochäus wird auf zwei Hebungen reduziert**. Die ohnehin schon brüchige und unwirkliche Harmonie wird nun vollends ad absurdum geführt. Nicht einmal der „gezwungene“ Gesprächsinhalt der Anfangsstrophen ist noch vorhanden. Bei der Verabschiedung in der fünften und letzten Strophe wird die gescheiterte Annäherung der beiden offenkundig. Aus dem **Wollen** der Frau (vgl. V. 5) ist nun ein **Müssen** (vgl. V. 17) geworden. Die geplante Reise ist nun nicht mehr nur Ausrede, sondern geradezu die nötige Flucht. Daher kommt es nur zu einer distanzierten Geste bei der Verabschiedung („Und sie winkten. / Doch sie winkten nur“, V. 18). Von Gefühlen ist hier nicht die Rede. Die eindringliche **Metapher** in den letzten beiden Versen bildet hierzu keinen Widerspruch, denn die „Herzen“ (V. 19) der beiden „l[ie]gen auf den Gleisen“ (V. 19), wo sie von dem fahrenden Zug auch noch vernichtet werden.

Beim **Vergleich beider Gedichte** hinsichtlich Form, Sprache und Inhalt sind sowohl Gemeinsamkeiten als auch Unterschiede festzustellen. **Formal und inhaltlich** fallen zunächst einmal **deutliche Übereinstimmungen** ins Auge: Beide Werke schildern, **dominiert von äußerer Handlung**, eine **ähnliche Wiedersehenssituation** eines offensichtlich seit längerer Zeit getrennten Liebespaares. Die Situation ist in beiden Gedichten zeitlich eingebettet zwischen einem unerwarteten **Wiedersehen, das mit wenigen Worten umrissen** wird, und einem **sachlich-distanzierten Abschied**, der, viel stärker als die Wiedersehensphase, **metaphorisch aufgeladen** ist. Vom äußeren Erscheinungsbild her gibt es auch Parallelen bezüglich der **Strophenlänge** (in beiden Fällen jeweils vier Zeilen) und der Verwendung des **Kreuzreims**, der allerdings in Kästners Gedicht durchgängiger beachtet wird als bei Liliencron. In beiden Fällen kann diese formale Besonderheit mit dem Inhalt der Darstellung zweier Lebensgeschichten, die ineinander verhakt sind, in Verbindung gebracht werden. Es geht darum, während der gemeinsam verbrachten Zeit ein **angemessenes Verhältnis von Nähe und Distanz auszuloten**. Das Ergebnis ist bei beiden Gedichten insofern das gleiche, als es nicht zu einer bleibenden Annäherung kommt, sondern die Wege sich wieder trennen.

Gedichtvergleich

Gemeinsamkeiten: inhaltliche und formale Übereinstimmungen

In sprachlicher Hinsicht verbindet die beiden Gedichte, dass zum Teil auf **ähnliche metaphorische Elemente** zurückgegriffen wird. Wie oben gezeigt, erfolgt die größte bildliche Inszenierung beim Abschied der einstigen Liebespaare. Auffällig ist, dass beide Metaphern dem gleichen bildspendenden Bereich entstammen: Die räumliche Trennung wird jeweils metaphorisch durch Schienenfahrzeuge versinnbildlicht.

ähnliche Bildsprache

Bei den **Unterschieden** ist festzuhalten, dass die **Inhalte** beider Gedichte aus einer **anderen Perspektive** wiedergegeben werden. Nur bei dem älteren Gedicht begegnet ein lyrisches Ich, das auch als eine Art „Erzähler“ der im Präteritum geschilderten Vorgänge fungiert. Dies führt zu einem gewissen Abstand zu dem beschriebenen Geschehen, auch wenn die wichtigsten Handlungen aus der **Ich-Perspektive** wiedergegeben werden. Kästners Gedicht hingegen weist keine erkennbare Beziehung zwischen lyrischem Sprecher und Akteuren auf. Man hat fast den Eindruck, als würde ein **neutraler Beobachter** bei dem ebenfalls erfolglosen Versuch einer Neubelebung der Liebesbeziehung kommentierend zuschauen. Dafür spricht die übergeordnete Perspektive des Sprechers, der in das Innenleben beider Figuren blicken kann und deren Handlungen auch kommentiert, indem er ihren Austausch beispielsweise als „Lüge“ bezeichnet. Auch was den **Grad der Annäherung** betrifft, unterscheiden sich beide Gedichte. Offensichtlich kam es in Käst-

Unterschiede:

je eigene Perspektive, erotische vs. platonische Annäherung

ners Gedicht zu einer **Liebesnacht** zwischen den beiden Akteuren. Die formal und sprachlich sehr stark aus dem Rahmen fallende Verszeile 16 betont die gegenseitige Unaufrichtigkeit beider Partner. Im Gegensatz dazu wirkt das Liebespaar in Liliencrons „Die letzte Rose" ehrlicher, da gar nicht erst versucht wird, die Nähe von einst wieder künstlich herzustellen. Wo es zu Annäherungen kommt, entsteht allenfalls der Eindruck einer **platonischen Liebe**.

versöhnte Trennung vs. Flucht

Des Weiteren ist anzuführen, dass zwar beide Gedichte mit einer **Trennung** enden, jedoch sind durchaus Unterschiede in der Art und Weise festzustellen, wie diese vollzogen wird. Während sich in Liliencrons Text die ehemals Liebenden in **Dankbarkeit** voneinander trennen, hat man in Kästners Gedicht angesichts des hastigen Aufbruchs der Dame und der kühlen Verabschiedung den Eindruck, die gemeinsame Zeit habe zu einer noch tieferen **Entfremdung** geführt. Das mag auch daran liegen, dass die Intimität infolge der gemeinsam verbrachten Nacht der tatsächlichen Beziehung in keiner Weise entspricht. Insofern fällt der Abschied der Personen im Gedicht „Die letzte Rose" weniger verlegen und emotional aufgewühlt aus.

prosaischer Ton bei Kästner

Abschließend können auch **Unterschiede in sprachlicher Hinsicht** festgehalten werden. Während Liliencron zur Kennzeichnung von **Gefühlen auf Metaphern und symbolische Elemente** zurückgreift, verwendet Kästner in seinem Gedicht eine eher **prosaische Sprache**. Sein Text wirkt insgesamt verdichteter, was durch die nur mit wenigen Versen skizzierte Handlung, die teils auch Leerstellen enthält, hervorgerufen wird. Durch feine Nuancen in der Sprache wie die Verwendung der indirekten Rede oder des Konjunktivs versucht er, Stimmungen und Gefühlen Ausdruck zu verleihen. Auch wenn die Sprache dadurch einfacher wirkt, steht Kästners Gedicht hinsichtlich der Ausdruckskraft dem von Liliencron in nichts nach.

Schluss

unterschiedliche Umgangsformen nach Trennung

Wie soll man damit umgehen, wenn man seiner einstigen Liebe wieder begegnet? Wie gezeigt wurde, verneinen beide Gedichte Möglichkeit, dass es je wieder so werden wird wie früher. Um aber nicht die Flucht ergreifen zu müssen, wie das in Erich Kästners „Repetition des Gefühls" der Fall ist, scheint es wichtig zu sein, sich nichts vorzulügen. Vielmehr muss man aushalten, dass man einander fremd geworden ist. Dann gelingt es vielleicht auch, in Dankbarkeit auf das Vergangene zurückzublicken, so wie das in Detlev von Liliencrons „Die letzte Rose" vor Augen geführt wird.

FOS | BOS 13 Bayern ▪ Abiturprüfung 2017
Deutsch – Aufgabe III

EPIK

Aufgabenstellung

a Fassen Sie den Inhalt des vorliegenden Romanauszugs zusammen.

b Charakterisieren Sie die beiden Frauen unter Berücksichtigung der sprachlichen Gestaltung.

c Analysieren Sie das Verhältnis Wilibald Schmidts zu seiner Tochter Corinna.

Text **Theodor Fontane (1819–1898): Frau Jenny Treibel (1892)**

Corinna verbrachte den Vormittag unter fortgesetzten Selbstgesprächen. Mitunter kam die Schmolke[1], sagte aber nichts und beschränkte sich auf kleine wirtschaftliche Fragen. Der Professor seinerseits hatte zwei Stunden zu geben, eine griechische: Pindar[2], und eine deutsche: romantische Schule (Novalis[3]), und war bald nach zwölf wieder zurück. Er schritt in seinem Zimmer auf und ab, abwechselnd mit einem ihm in seiner Schlußwendung absolut unverständlich gebliebenen Novalis-Gedicht und dann wieder mit dem so feierlich angekündigten Besuche seiner Freundin Jenny beschäftigt. Es war kurz vor eins, als ein Wagengerumpel auf dem schlechten Steinpflaster unten ihn annehmen ließ, sie werde es sein. Und sie war es [...]. Sie öffnete selbst den Schlag und stieg dann langsam und bedächtig, als ob sie sich ihre Rolle noch einmal überhöre[4], die Steinstufen der Außentreppe hinauf. Eine Minute später hörte Schmidt die Klingel gehen, und gleich danach meldete die Schmolke: „Frau Kommerzienrätin Treibel."

Schmidt ging ihr entgegen, etwas weniger unbefangen als sonst, küßte ihr die Hand und bat sie, auf seinem Sofa, dessen tiefste Kesselstelle durch ein großes Lederkissen einigermaßen applaniert[5] war, Platz zu nehmen. Er selber nahm einen Stuhl, setzte sich ihr gegenüber und sagte: „Was verschafft mir die Ehre, liebe Freundin? Ich nehme an, daß etwas besonderes vorgefallen ist."

„Das ist es, lieber Freund. Und Ihre Worte lassen mir keinen Zweifel darüber, daß Fräulein Corinna noch nicht für gut befunden hat, Sie mit dem Vorgefallenen bekannt zu machen. Fräulein Corinna hat sich nämlich gestern Abend mit meinem Sohne Leopold verlobt." „Ah," sagte Schmidt in einem Tone, der ebenso gut Freude wie Schreck ausdrücken konnte.

„Fräulein Corinna hat sich gestern auf unsrer Grunewald-Partie, die vielleicht besser unterblieben wäre, mit meinem Sohne Leopold verlobt, nicht umgekehrt. Leopold tut keinen Schritt ohne mein Wissen und Willen, am wenigsten einen so wichtigen

Schritt wie eine Verlobung, und so muß ich denn, zu meinem lebhaften Bedauern, von etwas Abgekartetem oder einer gestellten Falle, ja, Verzeihung, lieber Freund, von einem wohlüberlegten Überfall sprechen."

Dies starke Wort gab dem alten Schmidt nicht nur seine Seelenruhe, sondern auch seine gewöhnliche Heiterkeit wieder. Er sah, daß er sich in seiner alten Freundin nicht getäuscht hatte, daß sie, völlig unverändert, die, trotz Lyrik und Hochgefühle, ganz ausschließlich auf Äußerlichkeiten gestellte Jenny Bürstenbinder[6] von ehedem war, und daß seinerseits, unter selbstverständlicher Wahrung artigster Formen und anscheinend vollen Entgegenkommens, ein Ton superioren Übermutes angeschlagen und in die sich nun höchst wahrscheinlich entspinnende Debatte hineingetragen werden müsse. Das war er sich, das war er Corinna schuldig.

„Ein Überfall, meine gnädigste Frau. Sie haben vielleicht nicht ganz unrecht, es so zu nennen. Und daß es gerade auf diesem Terrain sein mußte. Sonderbar genug, daß Dinge der Art ganz bestimmten Lokalitäten unveräußerlich anzuhaften scheinen. Alle Bemühungen, durch Schwanenhäuser und Kegelbahnen im Stillen zu reformieren, der Sache friedlich beizukommen, erweisen sich als nutzlos, und der frühere Charakter dieser Gegenden, insonderheit unseres alten übelbeleumdeten Grunewalds, bricht immer wieder durch. Immer wieder aus dem Stegreif. Erlauben Sie mir, gnädigste Frau, daß ich den derzeitigen Junker generis feminini[7] herbeirufe, damit er seiner Schuld geständig werde."

Jenny biß sich auf die Lippen und bedauerte das unvorsichtige Wort, das sie nun dem Spotte preisgab. Es war aber zu spät zur Umkehr, und so sagte sie nur: „Ja, lieber Professor, es wird das beste sein, Corinna selbst zu hören. Und ich denke, sie wird sich mit einem gewissen Stolz dazu bekennen, dem armen Jungen das Spiel über den Kopf weggenommen zu haben."

„Wohl möglich", sagte Schmidt und stand auf und rief in das Entree hinein: „Corinna."

Kaum, daß er seinen Platz wieder eingenommen hatte, so stand die von ihm Gerufene auch schon in der Thür, verbeugte sich artig gegen die Kommerzienrätin und sagte: „Du hast gerufen, Papa?"

„Ja, Corinna, das hab' ich. Eh' wir aber weitergehen, nimm einen Stuhl und setze dich in einiger Entfernung von uns. Denn ich möchte es auch äußerlich markieren, daß du vorläufig eine Angeklagte bist. Rücke in die Fensternische, da sehen wir dich am besten. Und nun sage mir, hat es seine Richtigkeit damit, daß du gestern Abend im Grunewald, in dem ganzen Junkerübermut einer geborenen Schmidt, einen friedlich und unbewaffnet seines Weges ziehenden Bürgerssohn namens Leopold Treibel, seiner besten Barschaft beraubt hast?"

Corinna lächelte. Dann trat sie vom Fenster her an den Tisch heran und sagte: „Nein, Papa, das ist grundfalsch. Es hat alles den landesüblichen Verlauf genommen, und wir sind so regelrecht verlobt, wie man nur verlobt sein kann."

„Ich bezweifle das nicht, Fräulein Corinna“, sagte Jenny. „Leopold selbst betrachtet sich als Ihren Verlobten. Ich sage nur das eine, daß Sie das Überlegenheitsgefühl, das Ihnen Ihre Jahre …“

„*Nicht* meine Jahre. Ich bin jünger …“

„… Das Ihnen Ihre Klugheit und Ihr Charakter gegeben, daß Sie diese Überlegenheit dazu benutzt haben, den armen Jungen willenlos zu machen und ihn für sich zu gewinnen.“

„Nein, meine gnädigste Frau, das ist ebenfalls nicht ganz richtig, wenigstens zunächst nicht. Daß es schließlich doch vielleicht richtig sein wird, darauf müssen Sie mir erlauben, weiterhin[8] zurückzukommen.“

„Gut, Corinna, gut,“ sagte der Alte. Fahre nur fort. Also zunächst …“

„Also zunächst unrichtig, meine gnädigste Frau. Denn wie kam es? Ich sprach mit Leopold von seiner nächsten Zukunft und beschrieb ihm einen Hochzeitszug, absichtlich in unbestimmten Umrissen und ohne Namen zu nennen. Und als ich zuletzt Namen nennen mußte, da war es Blankenese, wo die Gäste zum Hochzeitsmahle sich sammelten, und war es die schöne Hildegard Munk[9], die, wie eine Königin gekleidet, als Braut neben ihrem Bräutigam saß. Und dieser Bräutigam war Ihr Leopold, meine gnädigste Frau. Selbiger Leopold aber wollte von dem allen nichts wissen und ergriff meine Hand und machte mir einen Antrag in aller Form. Und nachdem ich ihn an seine Mutter erinnert und mit dieser Erinnerung kein Glück gehabt hatte, da haben wir uns verlobt …“

„Ich glaube das, Fräulein Corinna,“ sagte die Rätin. „Ich glaube das ganz aufrichtig. Aber schließlich ist das alles doch nur eine Komödie. Sie wußten ganz gut, daß er Ihnen vor Hildegard den Vorzug gab, und Sie wußten nur zu gut, daß Sie, je mehr Sie das arme Kind, die Hildegard, in den Vordergrund stellten, desto gewisser – um nicht zu sagen desto leidenschaftlicher, denn er ist nicht eigentlich der Mann der Leidenschaften – desto gewisser, sag ich, würd’ er sich auf Ihre Seite stellen und sich zu Ihnen bekennen.“

„Ja, gnädigste Frau, das wußt’ ich oder wußt’ es doch beinah. Es war kein Wort in diesem Sinne zwischen uns gesprochen worden, aber ich glaubte trotzdem, und seit längerer Zeit schon, daß er glücklich sein würde, mich seine Braut zu nennen.“

„Und durch die klug und berechnend ausgesuchte Geschichte mit dem Hamburger Hochzeitszuge haben Sie eine Erklärung[10] herbeizuführen gewußt …“

„Ja, meine gnädigste Frau, das hab’ ich, und ich meine, das alles war mein gutes Recht. Und wenn Sie nun dagegen, und wie mir’s scheint ganz ernsthaft, Ihren Protest erheben wollen, erschrecken Sie da nicht vor Ihrer eigenen Forderung, vor der Zumutung, ich hätte mich jedes Einflusses auf Ihren Sohn enthalten sollen. Ich bin keine Schönheit, habe nur eben das Durchschnittsmaß. Aber nehmen Sie, so schwer es Ihnen werden mag, für einen Augenblick einmal an, ich wäre wirklich so was wie eine Schönheit, eine Beauté, der Ihr Herr Sohn nicht hätte widerstehen können, würden Sie von mir verlangt haben, mir das Gesicht mit Ätzlauge zu zerstören, bloß damit Ihr Sohn, mein Verlobter, nicht in eine durch mich gestellte Schönheitsfalle fiele?“

„Corinna,“ lächelte der Alte, „nicht zu scharf. Die Rätin ist unter unserm Dache.“

„Sie würden das *nicht* von mir verlangt haben, so wenigstens nehme ich vorläufig an, vielleicht in Überschätzung Ihrer freundlichen Gefühle für mich, und doch verlangen Sie von mir, daß ich mich dessen begebe, was die Natur *mir* gegeben hat. Ich habe meinen guten Verstand und bin offen und frei und übe damit eine gewisse Wirkung auf die Männer aus, mitunter auch gerade auf solche, denen das fehlt, was ich habe – soll ich mich dessen entkleiden? soll ich mein Pfund vergraben[11]? soll ich das bißchen Licht, das *mir* geworden, unter den Scheffel stellen? Verlangen Sie, daß ich bei Begegnungen mit Ihrem Sohne wie eine Nonne dasitze, bloß damit das Haus Treibel vor einer Verlobung mit mir bewahrt bleibe? Erlauben Sie mir, gnädigste Frau, und Sie müssen meine Worte meinem erregten Gefühle, das Sie herausgefordert, zugute halten, erlauben Sie mir, Ihnen zu sagen, daß ich das nicht bloß hochmütig und höchst verwerflich, daß ich es vor allem auch ridikül finde. Denn wer sind die Treibels? Berliner-Blau-Fabrikanten[12] mit einem Ratstitel, und ich, ich bin eine Schmidt.“

„Eine Schmidt,“ wiederholte der alte Wilibald freudig, gleich danach hinzufügend: „Und nun sagen Sie, liebe Freundin, wollen wir nicht lieber abbrechen und alles den Kindern und einer gewissen ruhigen historischen Entwicklung überlassen?“

„Nein, mein lieber Freund, das wollen wir *nicht*. Wir wollen nichts der historischen Entwicklung und noch weniger der Entscheidung der Kinder überlassen, was gleichbedeutend wäre mit Entscheidung durch Fräulein Corinna. Dies zu hindern, deshalb eben bin ich hier. Ich hoffte bei den Erinnerungen, die zwischen uns leben, Ihrer Zustimmung und Unterstützung sicher zu sein, sehe mich aber getäuscht und werde meinen Einfluß, der hier gescheitert, auf meinen Sohn Leopold beschränken müssen.“

„Ich fürchte,“ sagte Corinna, „daß er auch da versagt …“

„Was lediglich davon abhängen wird, ob er Sie sieht oder nicht.“

„Er wird mich sehen!“

„Vielleicht. Vielleicht auch nicht.“

Und darauf erhob sich die Kommerzienrätin und ging, ohne dem Professor die Hand gereicht zu haben, auf die Tür zu. Hier wandte sie sich noch einmal und sagte zu Corinna: „Corinna, lassen Sie uns vernünftig reden. Ich will alles vergessen. Lassen Sie den Jungen los. Er paßt nicht einmal für Sie. Und was das Haus Treibel angeht, so haben Sie's eben in einer Weise charakterisiert, daß es Ihnen kein Opfer kosten kann, darauf zu verzichten …“

„Aber meine Gefühle, gnädigste Frau …“

„Bah,“ lachte Jenny, „daß Sie so sprechen können, zeigt mir deutlich, daß Sie keine haben und daß alles bloßer Übermut oder vielleicht auch Eigensinn ist. Daß Sie sich dieses Eigensinns begeben mögen, wünsche ich Ihnen und uns. Denn es kann zu nichts führen. Eine Mutter hat *auch* Einfluß auf einen schwachen Menschen, und ob Leopold Lust hat, seine Flitterwochen in einem Ahlbecker Fischerhause zu verbringen, ist mir doch zweifelhaft. Und daß das Haus Treibel Ihnen keine Villa in Capri bewilligen wird, dessen dürfen Sie gewiß sein."

Und dabei verneigte sie sich und trat in das Entree hinaus. Corinna blieb zurück, Schmidt aber gab seiner Freundin das Geleit bis an die Treppe.

„Adieu," sagte hier die Rätin. „Ich bedaure, lieber Freund, daß dies zwischen uns treten und die herzlichen Beziehungen so vieler, vieler Jahre stören mußte. Meine Schuld ist es nicht. Sie haben Corinna verwöhnt, und das Töchterchen schlägt nun einen spöttischen und überheblichen Ton an und ignoriert, wenn nichts andres, so doch die Jahre, die mich von ihr trennen. Impietät[13] ist der Charakter unserer Zeit."

Schmidt, ein Schelm, gefiel sich darin, bei dem Wort „Impietät" ein betrübtes Gesicht aufzusetzen. „Ach, liebe Freundin," sagte er, „Sie mögen wohl recht haben, aber nun ist es zu spät. Ich bedaure, daß es unserm Hause vorbehalten war, Ihnen einen Kummer wie diesen, um nicht zu sagen eine Kränkung anzutun. Freilich, wie Sie schon sehr richtig bemerkt haben, die Zeit … alles will über sich hinaus und strebt höheren Staffeln zu, die die Vorsehung sichtbarlich nicht wollte."

Jenny nickte. „Gott beßre es."

„Lassen Sie uns das hoffen."

Und damit trennten sie sich.

Aus: Theodor Fontane: Frau Jenny Treibel oder „Wo sich Herz zum Herzen find't". Stuttgart 1985, S. 174–180 (für Prüfungszwecke überarbeitet).

Anmerkungen

1 Schmolke: Haushälterin bei Schmidts
2 Pindar (522 oder 518 v. Chr. – 446 v. Chr.): griech. Dichter
3 Novalis (1772–1801) eigtl. Georg Philipp Friedrich Freiherr von Hardenberg: dt. Dichter
4 überhören: hier im Sinne von überdenken
5 applaniert: hier im Sinne von ausgeglichen, geebnet
6 Jenny Treibel, geborene Bürstenbinder, ist als Tochter eines kleinen Ladenbesitzers aufgewachsen. Sie und Wilibald Schmidt sind seit ihrer Kindheit befreundet.
7 Junker: junger Herr; generis feminini (lat.): des weiblichen Geschlechts
8 weiterhin: hier im Sinne von später
9 Frau Jenny Treibel favorisiert die vermögende Hildegard Munk aus Hamburg-Blankenese als zukünftige Frau Leopolds.
10 Erklärung: Liebeserklärung, Heiratsantrag
11 Pfund vergraben: Anspielung auf ein biblisches Gleichnis: Jemand bekommt Geld ausgehändigt, damit er es gewinnbringend anlegt. Stattdessen vergräbt er es aber und lässt es damit ungenutzt.
12 Berliner-Blau-Fabrikanten: Betreiber einer Chemiefirma, spezialisiert auf die Herstellung der Textilfarbe Berliner-Blau
13 Impietät: Respektlosigkeit

Lösungsvorschlag

a **TIPP** **Zusammenfassung des Inhalts**

Beachten Sie die gängigen Regeln für das Abfassen einer Inhaltsangabe, also **deutliche Kürzung des Originals** (abstrahierende Zusammenfassungen anstelle von Einzelheiten, Verzicht auf alles für den Gesamtzusammenhang Unwesentliche), keine wörtliche Rede, Präsens. Einleitend müssen **Autor, Titel, Erscheinungsjahr und Quelle** genannt und der **Inhalt in einem Satz** zusammengefasst werden. Wenn möglich sollten Sie auch das **Thema** benennen.

Basissatz
Autor, Titel, Textsorte, Jahr der Veröffentlichung, Kerninhalt, Thema

Der vorliegende Text ist ein Auszug aus Theodor Fontanes Roman „Frau Jenny Treibel oder ‚Wo sich Herz zum Herzen find't'" aus dem Jahr 1892 und beinhaltet ein Gespräch zwischen dem in bescheidenen Verhältnissen lebenden Gymnasiallehrer Schmidt, seiner Tochter Corinna und der Fabrikantengattin Jenny Treibel, in dem diese die beiden ohne Erfolg dazu zu bewegen sucht, die am Vortag erfolgte Verlobung zwischen ihrem Sohn Leopold und Corinna rückgängig zu machen. Thema ist dabei der Konflikt zwischen geistigen und materiellen Werten.

Inhaltsangabe
Besuch Jenny Treibels bei Lehrer Schmidt, Ziel: Tochter zur Lösung der Verlobung mit ihrem Sohn bewegen, Scheitern des Vorhabens

Jenny Treibel, die als Tochter eines kleinen Ladenbesitzers durch eine günstige Heirat ins Großbürgertum aufgestiegen ist, sucht ihren Jugendfreund, den Gymnasiallehrer Wilibald Schmidt, nach vorheriger Ankündigung in dessen Haus auf. Dort kommt sie ohne Umschweife zur Sache: Sie klagt darüber, dass Schmidts Tochter ihren Sohn am Vortag überrumpelt und so dazu gebracht habe, sich mit ihr, Corinna, zu verloben. Schmidt reagiert darauf spöttisch amüsiert und zieht seine Tochter zu einer Stellungnahme hinzu. Diese gesteht ein, Leopold dazu gebracht zu haben, sich endlich ein Herz zu fassen und um ihre Hand anzuhalten, indem sie ihm in allen Einzelheiten seine mögliche Eheschließung mit der von der Mutter favorisierten, ihm aber unsympathischen Hildegard Munk geschildert hätte. Sie besteht darauf, dass sich Leopold aus freien Stücken zur Verlobung entschieden habe, was Frau Treibel bestreitet, die ihren Sohn für willenlos und manipulierbar hält. Corinna rechtfertigt ihr Handeln, indem sie vehement auf die Rechtmäßigkeit hinweist, von ihrem Verstand und ihrer Klugheit Gebrauch zu machen. Zudem greift sie Jenny Treibl direkt an, wenn sie ihre künftige Schwiegermutter daran erinnert, lediglich Teil einer Fabrikantenfamilie zu sein. Als Letztere erkennen muss, dass sie mit ihrem Ansinnen bei Schmidts keinen Erfolg hat, verspricht sie, alles daran zu setzen, ihren Sohn umzustimmen, und verabschiedet sich mit dem Vorwurf an Schmidt, bei der Erziehung seiner Tochter versagt zu haben, sodass diese eigensinnig und respektlos geworden sei. Dieser kontert mit einer ironischen Bemerkung, die Frau Treibel aber nicht als solche versteht, worauf sie das Haus verlässt.

b **TIPP** **Charakterisierung der beiden Frauen**

Um eine Nacherzählung mit Schwerpunkt auf der zu charakterisierenden Figur zu vermeiden, sollte man **Eigenschaften der Figur in abstrakter Form benennen** und ihr Vorliegen dann jeweils durch die Erläuterung von geeigneten Handlungselementen begründen. Zu diesen Handlungselementen gehören auch die von der Figur benutzten Sprachmittel. Zur Veranschaulichung dienen **geeignete Zitate**.

Charakterisierung Jenny Treibels

Alter, Herkunft, soziale Stellung

Über das Äußere von **Jenny Treibel** wird uns nichts mitgeteilt. Da sie einen erwachsenen Sohn im heiratsfähigen Alter hat, dürfte sie gut über vierzig Jahre alt sein. Sie ist als Tochter eines kleinen Ladenbesitzers aufgewachsen (vgl. Fußnote 6) und durch die Heirat mit einem Berliner Fabrikanten von Textilfarben (vgl. Fußnote 12) in großbürgerliche Kreise aufgestiegen, wo sie als „Kommerzienrätin Treibel“ (Z. 12) bekannt ist. Und so unternimmt sie große Anstrengungen, den Normen dieser Schicht, so wie sie sie versteht, zu entsprechen. Dabei macht sich ihre **Herkunft aber immer wieder bemerkbar**. Dies manifestiert sich auch in ihrer Sprache. Einerseits hat sie es geschafft, sich der Diktion „besserer Kreise“ anzupassen.

Bemühen um Kultiviertheit

Sie „berlinert“ nicht und spricht in wohlgeformten, z. T. recht komplexen Sätzen (vgl. z. B. Z. 19 ff., 25 ff., 130 ff.). Andererseits wirken ihre Äußerungen manchmal recht gekünstelt: Corinna hat gegenüber ihrem Vater nicht einfach die Verlobung noch nicht erwähnt, sondern sie hat es „noch nicht für gut befunden [...], [ihn] mit dem Vorgefallenen bekannt zu machen“ (Z. 20 f.). Und wiederholt benutzt sie gängige Floskeln, die ihre eigene Person oder Position aufwerten sollen, aber z. T. etwas Triviales haben: „und so muß ich denn, *zu meinem lebhaften Bedauern*, von etwas Abgekartetem [...], *ja, Verzeihung,* lieber Freund, von einem wohlüberlegten Überfall sprechen“ (Z. 27 ff., Kursivdruck nicht im Original), „Ich sage nur das eine, daß Sie [...]“ (Z. 68), „ohne mein Wissen und Willen“ (Z. 26). Der letzte Fall zeigt, dass sie solche Wendungen mechanisch und gedankenlos anwendet. Die Formel „ohne Wissen und Willen“ lässt sich schlecht mit dem Possessivpronomen „mein“ kombinieren, wie hier geschehen. Jenny müsste korrekt sagen: „ohne mein Wissen und meinen Willen“.

Ihrem **Bemühen um Anerkennung in der einmal erreichten Position** ordnet sie auch die Zukunft ihres Sohnes unter. Dessen Heirat mit der Tochter eines in vergleichsweise bescheidenen Verhältnissen lebenden Gymnasiallehrers scheint ihr nicht ins Bild zu passen. Hier zeigt sich die „ganz ausschließlich auf Äußerlichkeiten gestellte Jenny Bürstenbinder von ehedem" (Z. 33), wie Schmidt in Gedanken anmerkt. So versucht sie alles, um das, was sie für eine Mesalliance hält, zu verhindern. Auch ihre Vorgehensweise lässt Rückschlüsse auf ihre Herkunft zu. Jenny offenbart nämlich ein **gehöriges Maß an Taktlosigkeit**. So hat sie keine Scheu, ihren Sohn – zudem ohne eine Spur von Mutterliebe – als willenlosen Trottel zu porträtieren (vgl. Z. 50 f., 70 f., 148). Ihre Taktlosigkeit zeigt sich auch darin, wie sie die finanziellen Möglichkeiten bzw. den Lebensstil der Schmidts geringschätzig kommentiert, indem sie auf sarkastische Weise die „Flitterwochen in einem Ahlbecker Fischerhause" (Z. 149) mit der Villa in Capri kontrastiert, die den Treibels zur Verfügung stünde. Außerdem neigt ihre Rede zu Hyperbeln, die zum Zwecke größerer Anschaulichkeit z. T. metaphorischen Charakter tragen: Das Verhalten Corinnas erwecke den Eindruck von „etwas Abgekartetem oder einer gestellten Falle" (Z. 28), Leopold sei mit seinem Heiratsantrag „einem wohlüberlegten Überfall" (Z. 29) zum Opfer gefallen, Corinna habe ihn „willenlos" (Z. 72) gemacht, und zwar durch ihre „Jahre" (Z. 69). Beim Abschied wird sie nochmals sarkastisch, indem sie Corinna herablassend als „das Töchterchen" tituliert, das „nun einen spöttischen und überheblichen Ton [anschlage]" (Z. 156 f.).

überhebliches und taktloses Verhalten

In ihrem Vorgehen erweist sie sich als ausgesprochen **entschlossene und willensstarke Frau**. Als sie nämlich von der Verlobung erfährt, macht sie sich ohne zu zögern auf, um ihren Jugendfreund Schmidt bzw. dessen Tochter zu veranlassen, die Verbindung wieder zu lösen. Bei ihrer Ankunft vor dem Hause der Schmidts wartet sie nicht etwa ab, bis ihr der Droschkenfahrer die Wagentüre öffnet, sondern tut dies resolut gleich selbst (vgl. Z. 9 f.). Und im Gespräch mit den Schmidts lässt sie sich durch deren Einwendungen in ihrem Vorhaben in keiner Weise beirren. Ihre Willensstärke, ja ihr dominanter Charakter offenbaren sich aber vor allem darin, wie sie mit ihrem Sohn Leopold umgeht. Er ist immerhin erwachsen, doch sie lässt ihm keine Möglichkeit, sein Leben nach seinen Vorstellungen zu gestalten. Sie hat erreicht, dass er, wie sie offen bekennt, „keinen Schritt ohne [ihr] Wissen und [ihren] Willen [tut]" (Z. 26), und bestimmt über ihn, indem sie ihrerseits die Lebenspartnerin für ihn aussucht, bei der es sich um die im Text erwähnte Hildegard Munk (vgl. Fußnote 9) handelt. Sie kündigt auch kaum verhüllt an, sie werde jedes weitere Zusammentreffen ihres Sohnes

Dominanz und Willensstärke

mit Corinna zu verhindern wissen (vgl. Z. 137). Ihre Willenskraft und ihre Entschlossenheit beim Verfolgen ihres Ziels zeigen sich des Weiteren sprachlich in dem Nachdruck, den sie ihren Worten gibt: Sie benutzt emphatische Wiederholungen („daß Sie das Überlegenheitsgefühl [...] daß Sie diese Überlegenheit“, Z. 68 ff.; „Ich glaube das [...]. Ich glaube das ganz aufrichtig.“, Z. 88; „desto gewisser [...] desto gewisser“, Z. 91 f.) und Parenthesen, die das darauf Folgende hervorheben, so das „ja, Verzeihung, lieber Freund“ (Z. 28) oder das „sag ich“ (Z. 93). Ihre Entschlossenheit manifestiert sich auch in den unmittelbaren Appellen an Corinna (vgl. Z. 140 ff.).

mangelnde Kritikfähigkeit

Von ihrer eigenen Person und ihrem Vorhaben ist sie vollkommen überzeugt. **Selbstkritik kennt sie nicht** und so ist sie auch nicht in der Lage, ironische Bemerkungen Schmidts einzuordnen. Dies wird besonders deutlich, als Schmidt ihr zum Schein recht gibt und ihrer Klage über die „Impietät“ der Zeit leicht modifiziert zustimmt, indem er bemerkt, „alles [wolle] über sich hinaus und [strebe] höheren Staffeln zu“ (Z. 163 f.). Damit bezieht er sich auch auf Jennys Aufstiegsstreben, wie es sich in ihrer Einheirat in eine Fabrikantenfamilie manifestiert hat. Aber auch ohne dass sie die Kritik in Schmidts Worten erfasst, verabschiedet sich Jenny recht unterkühlt.

Charakterisierung von Corinna Schmidt

Alter, Aussehen, Herkunft

Corinna Schmidt, Jennys Gegenspielerin in der vorliegenden Szene, ist die Tochter eines Berliner Gymnasiallehrers. Sie ist vermutlich gut 20 Jahre alt, da sie zwar noch nicht verheiratet ist, sich aber mit ernsthaften Heiratsplänen trägt. Über ihr Äußeres ist nur bekannt, dass sie – nach eigenen Angaben – **keine herausragende Schönheit**, sondern nur durchschnittlich hübsch ist (vgl. Z. 103 f.). Dieser Angabe darf man Glauben schenken, da sie nicht zu falscher Bescheidenheit neigt und mit ihrer Aussage auch nicht beabsichtigt, Komplimente zu provozieren.

hohe Intelligenz

Jenny Treibel bezeichnet Corinna als **klug** (vgl. Z. 71), und dem kann man ohne Weiteres zustimmen, denn in der vorliegenden Situation hat Jenny durchaus Grund, mit Lob zu geizen. Sie macht Corinna den Einsatz ihrer Klugheit regelrecht zum Vorwurf – und diese widerspricht nicht, sondern erwähnt vielmehr an anderer Stelle, sie habe „[einen] guten Verstand“ (Z. 114) von der Natur bekommen. Auf jeden Fall verfügt sie über ein **hohes Maß an sozialer Intelligenz**. So weiß sie genau, wie sie den schüchternen Leopold dazu ermutigen kann, ihr endlich einen Heiratsantrag zu machen. Sie erreicht dies, indem sie ihm seine Hochzeit mit einer ihm unsympathischen Frau lebhaft vor Augen führt. Dabei erweist sie sich auch als sehr **redegewandt**. Diese Beredsamkeit, ein wichtiger Teilaspekt ihrer sozialen Intelligenz, äußert sich auch in der Auseinandersetzung mit Jenny Treibel. Corinna schildert den Vorgang, der zur Verlobung führte, recht anschaulich und unter häufigen Satzanschlüssen mit der Konjunktion „und" (vgl. Z. 79–86), die dem Vorgang und seinem Ergebnis, also Leopolds Heiratsantrag, den Anschein von etwas zwingend Folgerichtigem geben. Damit wird Jennys Behauptung, Leopold sei überfallen worden, entkräftet. Im weiteren Verlauf setzt sie zunächst mit ihrem Hinweis auf ihr nur durchschnittliches Aussehen (vgl. Z. 103 f.) eine Geste der Bescheidenheit ein, die ihre Gesprächspartnerin für sie einnehmen soll, bevor sie ihren Standpunkt vertritt. Diesen untermauert sie mit einem ausführlichen und drastischen Vergleich, dem Hinweis auf die Ätzlauge, mit der sie ihre Wirkung auf andere scheinbar hätte verringern sollen, hätte ihr Vorzug in ihrer Schönheit bestanden (vgl. Z. 104 ff.). Dadurch erscheint der Vorwurf Jennys, sie habe mit unsauberen Methoden gearbeitet, besonders widersinnig. Hinzu kommen weitere bildhafte Wendungen, die ihren Ausführungen einen lebhaften Ausdruck verleihen: Die Forderung Jennys, sich zurückzunehmen, heißt für sie unter Anspielung auf eine Bibelstelle, sie müsse ihr „Pfund vergraben" (Z. 116) bzw. „das bißchen Licht, das [ihr] geworden, unter den Scheffel stellen" (Z. 106 f.). Sie befürchtet, sie müsse neben Leopold „wie eine Nonne dasitze[n]" (Z. 116 f.). Außerdem richtet sie in ihrem Plädoyer immer wieder geschickt rhetorische Fragen an ihre Widersacherin (vgl. Z. 102, 106 f., 116), die eindringlich wirken und Verständnis für ihr Verhalten hervorrufen sollen.

Neben den genannten Eigenschaften ist Corinna auch mit einem **starken Selbstbewusstsein** ausgestattet. Sie kennt ihre Vorzüge – guter Verstand, Offenheit, Unabhängigkeit – und scheut sich nicht, diese zu benennen (vgl. Z. 103 f.), ohne dass man den Eindruck hätte, sie sei eingebildet. Auch die Tatsache, dass sie der wesentlich älteren und sozial höher stehenden Kommerzienrätin Treibel auf Augenhöhe entgegentritt, indem sie ihr mehrmals rundheraus widerspricht (vgl. Z. 70, 74, 134, 136), dieser dabei auch ins Wort fällt (vgl. Z. 70) und ihrerseits deren Verhalten einer ethischen Bewertung unterzieht (vgl. Z. 121 f.), zeigt ihre Selbstsicherheit. Zudem weist sie explizit und stolz darauf hin, dass sie als Mitglied der Familie Schmidt den gleichen Rang einnimmt wie jemand aus dem Hause Treibel (vgl. Z. 122 f.).

selbstbewusstes Auftreten

Hier zeigt sich, dass Corinna auch ein **ausgeprägtes Gerechtigkeitsgefühl** besitzt. Sie sieht nicht ein, dass jemand, dessen einziger Vorzug sein Reichtum ist, anderen überlegen sein sollte und das Recht hätte, von diesen die Berücksichtigung seiner Interessen einzufordern. Sieht Corinna ihr Gerechtigkeitsgefühl verletzt, so kann sie sehr **impulsiv** werden. Im vorliegenden Fall geht sie bis

starkes Gerechtigkeitsempfinden

an die Grenze dessen, was die gesellschaftliche Konvention noch erlaubt, vielleicht auch darüber hinaus: In ihrer Erregung bringt sie das Verhalten Jennys durch das Beispiel mit der Ätzlauge in einen recht drastischen Zusammenhang (vgl. Z. 104 ff.). Die womöglich nicht ganz ernst gemeinte Aufforderung ihres Vaters zur Mäßigung (vgl. Z. 110) beachtet sie nicht. Sie wird vielmehr noch heftiger, verzichtet nunmehr auf die bisherige höfliche Anrede „gnädige Frau" und deutet nur leicht verhüllt an, dass Jenny vielleicht doch so grausam sein könnte, wie es das Beispiel mit der Ätzlauge vorsieht (vgl. Z. 112 f.). Im weiteren Verlauf bezeichnet sie Jennys Ansinnen auch noch als „hochmütig und höchst verwerflich" (Z. 121 f.) und als „ridikül" (Z. 122). Diese Äußerungen einer gut Zwanzigjährigen gegenüber einer honorigen Unternehmersgattin haben – zumal in der auf Etikette bedachten Zeit des ausgehenden 19. Jahrhunderts – fast schon beleidigenden Charakter. Diesen Eindruck kann sie nur notdürftig dämpfen, indem sie entschuldigend darum bittet, Jenny möge ihre Äußerungen ihrem „erregten Gefühle [...] zugute halten" (Z. 120 f.), zumal sie nebenher für diese Erregung Jenny verantwortlich macht.

zusammenfassender Vergleich

Mit Jenny und Corinna haben wir es also mit zwei **recht unterschiedlichen Frauenfiguren** zu tun, die von verschiedenen Interessen geleitet werden: Die eine ist reich, aber weder klug noch gebildet, die andere ist klug und gebildet, aber mittellos. Die eine kämpft um Bewahrung ihrer Privilegien, die andere bestreitet deren Berechtigung. Gemeinsam ist ihnen ihr willensstarker Charakter, der sich beispielsweise im Bestreben äußert, Leopold im jeweils eigenen Sinn zu lenken.

c **TIPP** **Analyse des Verhältnisses Wilibald Schmidts zu seiner Tochter Corinna**

Analog zur Figurencharakteristik sollen Sie **Kennzeichen der Beziehung** Schmidts zu seiner Tochter abstrakt benennen. Ihr Vorhandensein begründen Sie dann durch die **Erläuterung konkreter Handlungselemente**.

Verhältnis zwischen Schmidt und Tochter

Wilibald Schmidt ist Gymnasiallehrer für Deutsch und Griechisch und lebt mit seiner unverheirateten Tochter Corinna zusammen. Ob er verheiratet ist oder noch weitere Kinder vorhanden sind, ist nicht ersichtlich.

vertrauensvoller Umgang

Sein Verhältnis zur Tochter ist einmal geprägt von **Vertrauen**. Schmidt ist sich sicher, dass seine Tochter nicht unüberlegt handelt, sondern dass sie weiß, was sie tut, und er sich auf ihr Urteil verlassen kann. So sieht er zunächst dem überraschenden Besuch von Jenny Treibel mit Beunruhigung entgegen, gewinnt aber sofort „nicht nur seine Seelenruhe, sondern auch seine gewöhnliche Heiterkeit wieder" (Z. 30 f.), als er erfährt, dass der Besuch mit dem Verhalten Corinnas zusammenhängt. Selbst die Nachricht, dass sie eine so wichtige Entscheidung wie die für eine Ehe getroffen hat, nimmt er mit Gelassenheit hin. Diese Reaktion ist nur erklärlich, wenn man davon ausgeht, dass er sich sicher ist, dass Corinna alles richtig machen wird. Und so schlägt er Jenny auch vor, sich nicht einzumischen, sondern „alles den Kindern und einer gewissen [...] historischen Entwicklung [zu] überlassen" (Z. 125 f.).

großer Freiheitsraum der Tochter

Dieses Vertrauen hat auch zur Folge, dass er Corinna ein **hohes Maß an Freiheit** gewährt. Sie trifft ihre Entscheidungen selbstständig, braucht ihren Vater nicht um Erlaubnis oder auch nur um Rat zu fragen, bevor sie sich für ihr Leben bindet. Diese Freiheit ist nicht selbstverständlich. Im ausgehenden 19. Jahrhundert nahmen die Eltern in aller Regel Einfluss, wenn es um die Verheiratung einer Tochter ging. Entsprechend musste der Bräutigam auch bei den Eltern um die Hand der Tochter anhalten, bevor es zur Verlobung kam. Die Freiheit, die Schmidt seiner Tochter einräumt, ihr wohl schon immer eingeräumt hat, macht Jenny ihm ja schließlich auch zum Vorwurf (vgl. Z. 156 ff.).

gleiche Überzeugungen

Das erwähnte Vertrauen hat seine Ursache nicht nur darin, dass Schmidt weiß, dass seine Tochter vernünftig handeln wird, sondern dass er offensichtlich auch in vielen Punkten **mit ihr übereinstimmt**. So hält er genau wie Corinna den Dünkel Jennys für unangebracht und ärgerlich (vgl. Z. 31 ff.) und freut sich, als seine Tochter recht deutlich darauf hinweist, dass die Schmidts den Treibels in nichts nachstehen und keinen Grund haben, sich klein zu machen (vgl. Z. 122 ff.). Seine Übereinstimmung mit Corinna ist während des gesamten Gesprächs zu spüren. Die beiden wehren sich einvernehmlich gegen Jenny Treibel und ihr Ansinnen, Corinna tut dies direkt und frontal (s. o.), Schmidt mit Ironie. So spöttelt er über Jennys Aufregung angesichts der erfolgten Verlobung (vgl. Z. 38–46) und benutzt Jennys Verärgerung über Corinnas „Impietät" zu der erwähnten ironischen Replik (vgl. Z. 159–164). Zum Schein übt er Kritik an Corinnas Verhalten, indem er sie als „Angeklagte" (vgl. Z. 59) bezeichnet, entschärft diese Kritik aber gleich wieder durch die unernste Beschreibung ihres inkriminierten Verhaltens (vgl. Z. 59–63). Dass er zu Recht mit der Geistesgegenwart seiner Tochter rechnet, die das Verhör sogleich als bloße Inszenierung entlarvt, macht ihre Reaktion auf die ironisch vorgetragene Anklage deutlich: „Corinna lächelte." (Z. 64) Auch als ihr Vater sie zur Mäßigung ermahnt (vgl. Z. 110), hat dies nur den Zweck, Jenny die „Wahrung […] vollen Entgegenkommens" (Z. 34 f.) vorzuspielen. Immerhin lächelt er dabei. Corinna weiß dies auch, denn auf die Mahnung hin mäßigt sie sich in keiner Weise, sondern wird heftiger. Auffällig ist, dass Schmidt im Weiteren nichts unternimmt, Corinnas Angriffe auf Jenny zu unterbinden. Er scheint förmlich **stolz auf seine Tochter** und ihr rhetorisches Geschick zu sein.

Zusammenfassend lässt sich sagen, dass zwischen Schmidt und seiner Tochter ein ausgesprochen **harmonisches Verhältnis** herrscht. Fazit

DRAMATIK

Aufgabenstellung

a Fassen Sie den Inhalt des vorliegenden Dramenauszugs zusammen.

b Analysieren Sie das Gesprächsverhalten des Vaters gegenüber seiner Tochter unter Einbezug der verwendeten sprachlichen Mittel.

c Beurteilen Sie Maries Verhalten gegenüber ihrem Vater.

Text **Arthur Schnitzler (1862–1931): Der Ruf des Lebens (1906)**

Schauspiel in drei Akten

Einfaches, beinah ärmliches Zimmer im zweiten Stock eines alten Hauses der inneren Stadt[1]. Blau gemalte Wände, zum Teil schadhaft. Rechts vorn Eingangstüre, eine zweite Türe links hinten. Im Hintergrund zwei Fenster mit ausgebauchtem Glas. Am Fenster rechts ein Sessel. [...]

DER VATER *auf dem Krankensessel halb ausgestreckt, in braunem Schlafrock, die Füße mit einem Plaid[2] bedeckt. Er ist hager, hat einen kurzgeschnittenen Vollbart von grünlich-braungrauer Farbe, wie einstmals gefärbt; die dünnen Kopfhaare über den Scheitel gekämmt, das Gesicht böse, faltig, verwüstet. Er scheint zu schlafen.*

MARIE *sitzt auf einem der Sessel rechts, den sie etwas näher zum Vater hingerückt hat. Sie ist schlank, hat eine hohe Stirn, dunkelblondes glattes Haar, einfaches, ziemlich helles blaues Kleid. Sie liest laut aus einer Zeitung vor.* „Und mit einem Mal lodert im Süden unseres Reichs die Kriegsfackel in dunkelrotem Glanze auf. In der Nähe des Dorfes Feldberg, also auf österreichischem Boden, etwa drei Meilen von der Grenze hat das erste Gefecht stattgefunden, über dessen Verlauf verbürgte Nachrichten noch nicht in die Hauptstadt gelangt sind. Dies aber steht fest: daß gestern zum erstenmal wieder seit mehr als dreißig Jahren der Boden unseres Vaterlands das Blut unserer tapferen Soldaten getrunken hat ...“ *Sie hält inne.*

DER VATER *wie aus dem Schlaf.* Lies weiter.

MARIE blättert. „Gestern haben die Infanterieregimenter Nr. 7 und Nr. 24 die Stadt verlassen, um in Eilmärschen die Grenze zu erreichen. Abends ist das Ulanenregiment Fürst von Bologna abgegangen. Heute rückt das Infanterieregiment Nr. 17 Herzog von Anhalt und das Kürassierregiment Nr. 11, die sogenannten ‚blauen Kürassiere‘ ...“ Sie hält inne.

DER VATER *schläft.*

MARIE *legt die Zeitung auf den Tisch, steht auf, geht zum Fenster rechts, sieht durch die Scheiben hinaus. Man hört das Vorbeimarschieren von Truppen und lautes Rufen, das manchmal beträchtlich anschwillt.*

DER VATER *erwacht.* Marie! Wo bist du? *Wendet mühselig den Kopf.* Marie!

MARIE *auf dem Weg zurück.* Hier bin ich.

DER VATER Wo bist du?

MARIE Am Fenster stand ich.

DER VATER *lauscht.* Was ist das?

MARIE Soldaten ziehen vorbei.

DER VATER Wie lang bist du am Fenster gestanden?

MARIE Kaum zwanzig Sekunden. Ich las dir eben erst aus dem Zeitungsblatt vor.

DER VATER Zwanzig Sekunden? … Mir war doch, ich hätte geschlafen.

MARIE Nicht länger als eine halbe Minute.

DER VATER Mir war, als hätte ich eine Stunde geschlafen. Es wird wohl auch eine Stunde gewesen sein …

MARIE Nein.

DER VATER Eine halbe …

MARIE Wie ich sagte: Keine halbe Minute lang.

DER VATER Keine halbe Minute … und so tief in die Nacht gesunken. – Wie spät ist's?

MARIE Es ist bald sieben Uhr.

DER VATER Daß der Doktor noch nicht hier war …

MARIE Er muß bald da sein.

DER VATER Was spracht ihr miteinander gestern abend? … Nun? … Was sagte er über meinen Zustand? … Was sagte er überhaupt? Rede!

MARIE Der Frühling wird dir wohltun, meint der Doktor.

DER VATER Und sonst sagte er nichts?

MARIE Sonst nichts.

DER VATER Es ist nicht wahr! Du standest ja gestern ich weiß nicht wie lange mit ihm im Stiegenhaus – hast ihn wohl mancherlei gefragt! … Nun, wie lange wird es noch währen? Wie lange noch wirst du dein junges Dasein vertrauern müssen an deines alten Vaters Krankenbett?

MARIE Du sollst bald aufs Land, meint der Doktor.

DER VATER Aufs Land … wahrhaftig! … So?

MARIE Hat er dir's gestern nicht selbst geraten? … Aber nicht wieder so spät wie voriges Jahr, meint der Doktor, nicht im August erst, sondern gleich, – die schönen Tage nützen jetzt im Mai.

DER VATER Aufs Land – in die Grünau – zur Tante Toni wieder?

MARIE Ich denke wohl.

DER VATER Weht der Wind daher? … Hoho! Zur Tante Toni! Und wieder herumgelaufen im Wald und auf der Wiese mit der Base Katharina und dem Herrn Adjunkten[3], der uns ja auch zu Weihnachten die Ehre hat erwiesen – oder gar mit dem Adjunkten allein …

MARIE *sehr ruhig.* Ich dachte nicht an ihn. *Lärm draußen wie früher.*

DER VATER Dachtest nicht an ihn? … Schreibt er dir nicht alle Tage?

MARIE Kaum jede Woche einmal. Und ich antworte ihm selten.

DER VATER Verlobt seid ihr!

MARIE Nein. Du weißt es doch. – Nein.

DER VATER Nun, was braucht's Verlöbnis! Eines Tages ist man auf und davon, verlobt oder nicht, vermählt oder nicht, und läßt den Vater hier verderben, verkommen, verdursten – ersticken, wie mir's in der Nacht beinahe passiert wäre, in der Febernacht, als sie dich auf den Ball holten, Tante Toni und Base Katharina, und du dort herumflogst mit jungen Offizieren …

MARIE Was willst du, Vater? Ein einziges Mal in dem ganzen langen Winter. Und du hattest mir's erlaubt.

DER VATER Einmal – o einmal nur! In dem ganzen langen Winter nur einmal! Wie alt bist du denn … wie alt?

MARIE Sechsundzwanzig.

DER VATER Sechsundzwanzig. Zeit genug … Zeit genug. Sechsundzwanzig und jung und schön und ein Frauenzimmer mit weißer Haut und mit runden Armen! … Nichts für dich verloren, nur Geduld! Und wenn ich neunzig werde, dann bist du siebenunddreißig – immer noch Zeit genug … Zeit genug zu allerlei Kurzweil, nach der dich's gelüstet. Nein, ich bedaure dich nicht!

MARIE Hab' ich verlangt, daß du mich bedauerst?

DER VATER Verlangt! Müssen es Worte sein? Du bist wie deine Mutter, ganz wie deine Mutter!

MARIE Vier Jahre lang ist sie tot. Laß sie in Frieden ruhn. Nie klagte sie – laß sie ruhn.

DER VATER Nie klagte sie … mit Worten nicht … mir ins Gesicht nicht … ganz wie du. O ihr, ihr … Doch wenn ich nach Hause kam und fand euch dort zusammen auf dem Divan sitzen, aneinander gedrängt wie böse Katzen – oder ich wartete eurer am Fenster, abends, bis ihr von eurem Spaziergang auf den Basteien zurückkamt … da habt ihr auch nicht geklagt? … Nicht über euer verpfuschtes Leben gesprochen? … Nicht über mich, dem ihr die Schuld daran gabt? Verschworen wart ihr gegen mich, stumm verschworen – ich weiß es wohl! Nichts war euch recht: Zu armselig die Wohnung, das Essen schmeckte nicht und ich war euch nicht lustig genug. Was, ich hätte wohl Späße treiben sollen, wenn ich müde von meiner Schreiberei nach Hause kam aus dem Amt, wo ich mich geplagt hatte um die lumpigen paar Gulden für euch … für euch, weil die Pension nicht reichte? Mir hätte sie gereicht – mir allein wohl! Und ihr habt mich verflucht! Meinst du, ich weiß es nicht? Meinst du, ich habe deine Mutter nicht gekannt und ich kenne dich nicht? … Stundenlang sitzest du stumm neben mir, sprichst nur, wenn ich dich frage, aber dein Blick … dein Blick, wenn du dich fortschleichst von mir, zum Fenster hin … Denkst du, ich weiß nicht, was sich da in dir rührt, – was für Wünsche, was für Klagen? Meinst du, ich weiß es nicht? … Aber wünsche du und klage, wie du willst, – keine Minute mehr lass' ich dich von meiner Seite. Ich will nicht allein sein! Habe Geduld, habe Geduld! Du bist jung. Vielleicht werde ich nicht neunzig, vielleicht nur fünfundachtzig – oder am Ende dauert's gar nur mehr drei, zwei Jahre, dann bist du frei, kannst deinen Adjunkten haben – oder den

Doktor – oder beide und noch andere dazu … wenn's dir lieber ist, dich ans Fenster stellen und hübschen jungen Leuten winken.

MARIE *auf.* Vater! Vater!

DER VATER Marie! … Marie! *In plötzlicher Angst.* Nimm's mir nicht übel. Ich bin krank … ich bin alt … und ich hab' Angst – verstehst du? Angst! … Nein, du verstehst es nicht! … Wer versteht denn das, so lang er jung ist und sich rühren kann, was das heißt, nutzlose Angst und ohnmächtiger Zorn? … Wasser! Mir sind die Lippen trocken!

MARIE *entfernt sich.*

DER VATER Wohin gehst du?

MARIE Der Krug mit dem frischen Wasser steht in der Küche.

DER VATER Laß die Türe offen.

MARIE *rechts hinaus. Von unten das Geräusch trabender Pferde.*

MARIE *bringt das Wasser, bleibt stehen, lauscht.*

DER VATER Gib … gib!

MARIE *rasch zu ihm, reicht ihm das Wasser, schnell zum Fenster und öffnet es. Entsprechende Verstärkung des Geräusches.*

DER VATER Was tust du? Bist du toll? Ich kann den Tod davon haben!

MARIE Die Luft ist warm; auch sagt der Doktor immer, daß es zu dumpf hier innen ist.

DER VATER Zu dumpf! Darum reißest du das Fenster auf mit einem Male? Zu dumpf! Meinst du, ich weiß nicht, wonach dir der Sinn steht? *Vor sich hin.* Ja, da reiten sie, stramm, jung, gesund … heut noch gesund und jung! … Nun, beklagst du dich, daß die Aussicht von unseren Fenstern nicht schön ist? Ho! Mitten in der Stadt haben wir unsere Wohnung – nur ein Blick um die Ecke – und das Leben treibt vorbei … Marie!

MARIE Vater?

DER VATER Ich will zum Fenster!

MARIE Du willst –?

DER VATER Her zu mir! Führ' mich hin … es wird schon gehn … Ich will sie auch sehen, die da unten vorüberreiten und vielleicht nicht einmal neunundsiebzig alt werden. Den Mantel her!

MARIE *nimmt den Mantel vom Kleiderständer, breitet ihn um den Vater und führt diesen zum Fenster rechts.*

DER VATER *höhnisch.* O es ist eine Plage! Armes Kind! Aber nein, sie klagt nicht! *Am Fenster, wo er gleich auf den Sessel sinkt; er hält sich mit beiden Händen ans Fensterbrett und beugt sich vor.* Manche von denen … alle vielleicht … wer weiß – – – und sind nicht einmal neunundsiebzig.

MARIE *etwas mühsam.* Vater, man kennt die Farben nicht recht … sind es die Schwarzen oder die Blauen?

DER VATER O, mein Töchterchen läßt sich herab zu fragen! Sollt' ich bessere Augen haben als du? … Ja, es sind die blauen Kürassiere.

MARIE Ist es nicht dein Regiment gewesen, Vater?

DER VATER Was geht's dich an? – Wo ist die Zeit?! … Gefallen sie dir? … Was siehst du von ihnen? Doch nichts als ihr Wiegen auf den trabenden Pferden, und der Geruch ihrer Jugend steigt dir von der Straße empor in die Nase. Sollte man denken, daß ich einmal geradeso aussah, geradeso wie die? … Mein Regiment – ja. Schöne Jungen, wie? Stramm, stramm! … Ho, wird der künftige Gatte sich freuen – ob Adjunkt oder Doktor – daß du dafür so regen Sinn hast! … *Es klopft leise.* Klopft es nicht?

MARIE Ich hörte nichts. *Es klopft nochmals.*

DER VATER Herein.

Quelle: Schnitzler, Arthur: Gesammelte Werke. Die Theaterstücke. Dritter Band. Berlin 1912, S. 271–277 (für Prüfungszwecke überarbeitet)

Anmerkungen

1 Das Stück spielt etwa in der Mitte des 19. Jahrhunderts in Österreich.
2 Plaid: dünne, häufig gemusterte Wolldecke
3 Adjunkt: veraltete Bezeichnung für den Gehilfen eines Beamten

Lösungsvorschlag

a **TIPP Zusammenfassung des Inhalts**

Die dramatische Aufgabe dieses Jahres bezieht sich auf ein Werk der „Wiener Moderne". Arthur Schnitzlers „Der Ruf des Lebens" (1906) thematisiert in dem vorliegenden Ausschnitt ein **problematisches Vater-Tochter-Verhältnis**. Deren Beziehung ist gespannt. Achten Sie bei der Inhaltszusammenfassung darauf, im **Präsens** zu schreiben (bei Vorzeitigkeit Perfekt) und bei der **indirekten Rede** die richtige **Konjunktiv-Form** zu verwenden.

Das dreiaktige Drama „Der Ruf des Lebens" aus dem Jahre 1906 wurde von Arthur Schnitzler verfasst und spielt in der Mitte des 19. Jahrhunderts in Österreich. In der vorliegenden Szene geht es um die komplizierte Beziehung einer 26-jährigen Frau zu ihrem schwerkranken Vater, der ihr aufgrund der notwendigen intensiven Pflege sehr viel abverlangt und in ihre Lebensführung stark eingreift, indem er sie mit aller Kraft an sich bindet.

Basissatz
Textart, Titel, Jahr, Autor, Kerninhalt

Zu Beginn der Szene befinden sich der kranke Vater und seine Tochter Marie in einem Zimmer ihrer Stadtwohnung. Während der Vater, halb in den Schlaf fallend, in einem Sessel liegt, liest ihm seine Tochter aus einer Zeitung vor. Offensichtlich befindet sich das Land im Kriegszustand, denn in einer Zeitungsnachricht wird von Armeeaufmärschen berichtet und vom Fenster aus sieht Marie, wie Truppen an der Wohnung geräuschvoll vorbeiziehen. Nach einem Sekundenschlaf wird der Vater durch diesen Lärm aufgeweckt und erkundigt sich nach dem ausstehenden Arztbesuch. Die Tochter versucht ihn zu beruhigen, ein belangloses Gespräch über die Dauer seines Einnickens geht in eine Diskussion über den Gesundheitszustand des alten Mannes über. Der Vater glaubt, dass Marie mit dem behandelnden Arzt hinter seinem Rücken über die Ernsthaftigkeit seines Zustandes spricht und ihm die Wahrheit vorenthält. Sie vertröstet ihn mit der Aussicht auf einen Aufenthalt bei einer Verwandten auf dem Land, der bald bevorstehe und ihm Linderung bringen solle. Der Vater weiß, wie die Pflege in das Leben seiner Tochter eingreift, dennoch wirft er ihr vor, die Reise aufs Land aus eigennützigen Beweggründen – genannt wird die Absicht zu einem Verlöbnis – zu betreiben. Da er fürchtet, im Fall einer Heirat vernachlässigt zu werden, wirft er der Tochter vor, sich nicht ausreichend um ihn gekümmert zu haben. Angesichts ihrer Jugend und mit Rücksicht auf seinen Zustand solle die Tochter mit Heiratsplänen noch warten. Obwohl diese keine Einwände erhebt, wirft er ihr vor, sie empfinde die Lebensumstände als unzureichend.

Inhaltsangabe
Vorlesen der Tochter bis zum Erwachen des Vaters,
Erkundigungen des Vaters nach dem Gespräch mit dem Arzt am Vortag,
Vorhaltungen des Vaters gegen seine Tochter,
Betrachtung der vorbeiziehenden Soldaten

Darin gleiche sie ihrer bereits verstorbenen Mutter. Sein langer Sprechabschnitt gipfelt in der heftig vorgetragenen Forderung, von seiner Tochter bis zu seinem Tod nicht mehr alleingelassen zu werden. Erst danach werde sie frei sein. Da er befürchtet, Marie wolle sich abwenden, entschuldigt er seine Aussagen mit dem Hinweis auf seine Todesangst. Marie gibt ihm zu trinken und öffnet das Fenster, zu dem sie ihren Vater auf dessen Wunsch hin führt. Er unterstellt seiner Tochter, an den Soldaten, die am Haus vorbeiziehen, interessiert zu sein, und wehrt Erinnerungen an seine eigene Dienstzeit ab. Bevor sie darauf reagieren kann, werden die beiden durch ein Klopfen an der Tür unterbrochen.

b

TIPP **Analyse des Gesprächsverhaltens des Vaters gegenüber seiner Tochter**

Im Folgenden soll das sprachliche Verhalten des Vaters gegenüber seiner Tochter unter Berücksichtigung der stilistischen Besonderheiten analysiert werden. Nachdem Sie eingangs die zugrundeliegende **Kommunikationssituation** geklärt haben, bietet es sich an, das **Gesprächsziel des Vaters** zu benennen und die **Strategien** zu beschreiben, die er zu dessen Erreichung verfolgt. Stützen Sie die angestellten Beobachtungen durch **Textbelege**. Nicht vergessen werden darf, dass bei der Analyse des Gesprächsverhaltens nicht nur die Dialoge, sondern auch **Bühnenanweisungen** Grundlage der Untersuchung sein können.

Ausgangssituation des Gesprächs

Zunächst handelt es sich bei dem Dialog um eine **alltägliche Konversation**, da ein **Vater-Tochter-Gespräch** in **vertrauter Umgebung** stattfindet. Die beiden warten auf einen Arztbesuch in der als Krankenzimmer fungierenden **Wohnstube** der etwas bescheiden wirkenden Stadtwohnung (vgl. Regieanweisung). Trotz des in sich geschlossenen Raums dringt die **Außenwelt in Form der vorbeiziehenden Soldaten** in die Szene und verschärft bestehende Konflikte, die insbesondere aus dem **komplizierten Abhängigkeitsverhältnis** der beiden Figuren resultieren.

Strategien des Vaters im Gespräch:

Erteilen von Befehlen

In dem Dramenauszug ist das vorwiegende **Interesse des Vaters** zu erkennen, **seine Tochter an sich zu binden**. Hierzu wendet er unterschiedliche Strategien an. Zum einen **drängt er seine Tochter in die Rolle einer Pflegekraft**. Gleich zu Beginn der Szene erscheint Marie in einer Art Dienstleistungssituation dem Vater gegenüber, indem sie ihm aus einer Tageszeitung vorliest. Dies wird durch kleine Müdigkeitsanfälle des Vaters unterbrochen, die auch die Stimme der Tochter immer wieder verstummen lassen. Betrachtet man den Gesprächsanteil des Vaters, so fallen zunächst die zahlreichen **imperativischen Wendungen** auf, die belegen, dass zwischen beiden Personen ein hierarchisches Verhältnis besteht („Lies weiter", Z. 15; „Rede!" Z. 46; „Wasser!", Z. 117; „Den Mantel her!", Z. 142). Die Häufigkeit dieser Wendungen und **elliptischer Ausrufe** lässt erkennen, dass die Unterordnung der Tochter schon eine ganze Weile besteht und vom Vater auch als selbstverständlich aufgefasst wird. Die eigentliche Absicht hinter dieser kommunikativen Strategie ist zum einen die Aufrechterhaltung der klassischen **Hierarchie** zwischen Vater und Tochter, die durch die körperliche Schwäche des Vaters möglicherweise gefährdet sein könnte. Die vordergründige Zielsetzung besteht darin, die Pflegetätigkeit Maries möglichst lange und ungefragt in Anspruch nehmen zu können. Dies erreicht er auch damit, dass er jede Aussage implizit als Anordnung verstanden haben möchte.

Herabsetzen der erwachsenen Tochter

Die **Herabwürdigung der erwachsenen Tochter** hängt eng mit diesen Absichten zusammen. Indem er Marie fast **wie ein Kind behandelt**, versucht er den legitimen Anspruch der 26-Jährigen auf Freiheit und Unabhängigkeit zu untergraben. Als ihn Marie vom Sessel an das Fenster führt und ihm eine Decke um die Schultern legt, bemerkt er **sarkastisch:** „O es ist eine Plage! Armes Kind! Aber nein, sie klagt nicht!" (Z. 145) Die **Anrede als „Kind**" begegnet kurz darauf erneut, dieses Mal allerdings in Form des **Diminutivs** („O, mein Töchterchen [...]", Z. 151). Dadurch dass er der Tochter ein infantiles Wesen zuschreibt, betont der Vater seine Rolle als Vormund.

insistierende Fragen

Daneben macht sich im Dialog ein ausgeprägtes **Kontrollstreben des Vaters** bemerkbar. Da er vermutet, Marie verschweige ihm bezüglich des Arztbesuchs am Vorabend etwas, fragt er: „Was spracht ihr miteinander gestern abend? ... Nun? ... Was sagte er über meinen Zustand? ... Was sagte er überhaupt? Rede!" (Z. 45 f.) Die **schnelle Aufeinanderfolge der Interrogativsätze** lässt erahnen, dass nicht von einem vertraulichen Vater-Tochter-Verhältnis auszugehen ist. Vielmehr soll Marie der insistierende und **anklagende Ton** vermitteln, dass sie stets mit dem Misstrauen ihres Vaters rechnen muss. Das gleiche Prinzip begegnet kurz darauf, als sich das Gespräch der dem Vater unliebsamen Bekanntschaft Maries mit dem Adjunkten zuwendet (vgl. Z. 61 ff.). Als er Marie an den Besuch des Adjunkten an Weihnachten erinnert, will er sogleich wissen: „Dachtest nicht an ihn? ... Schreibt er nicht alle Tage?" (Z. 66) In den aufeinanderfolgenden **Fragesätzen**, die teils elliptisch formuliert sind, unterstellt er seiner Tochter eine heimliche Liebschaft. Der **emphatische Ausruf**, den er auf Maries Leugnung eines intensiven Kontakts hin macht, klingt wie ein Vorwurf. Obwohl er um den Verzicht seiner Tochter weiß, ruft er: „Verlobt seid ihr!" (Z. 68)

Das Handeln des Vaters ist von der Furcht geprägt, Marie könne einen Mann finden und ihn, den Vater, dann verlassen. Um ihr ein schlechtes Gewissen einzureden, **unterstellt er ihr ein sittlich fragwürdiges Verlangen nach Männern**. Ironisch und ziemlich bösartig lässt er Maries attraktive Erscheinung als Indiz für ihren angeblich unmoralischen Charakter herausstechen. In Form einer **polysyndetischen Aufzählung** beschreibt er sie als „jung und schön und ein Frauenzimmer mit weißer Haut und mit runden Armen“ (Z. 81 f.). Auf **ironische Weise** bemerkt er, dass auch nach seinem Tod noch Zeit für „allerlei Kurzweil, nach der [es sie] gelüst[e]“ (Z. 83 f.), bleibe. Indirekt wirft er Marie damit vor, sie sei nicht in der Lage, ihre Begierde wenigstens zu seinen Lebzeiten unter Kontrolle zu halten. Nach den damaligen Moralbegriffen stellt er seine eigene Tochter also **als zügellose junge Frau** dar. Die Tatsache, dass sie immer noch allein ist, kommentiert er wie folgt: „Nein, ich bedaure dich nicht!“ (Z. 84) In Form dieser **doppelten Verneinung** verweigert er ihr jegliches Mitgefühl. Ihr Verlust an Lebensqualität, den seine aufreibende Pflege verursacht, nimmt er überhaupt nicht zur Kenntnis.

Unterstellen unsittlichen Verhaltens

Ein schlechtes Gewissen versucht er Marie auch dadurch einzureden, dass er ihr **Treulosigkeit und Unehrlichkeit ihm gegenüber zum Vorwurf** macht. Bei seinen Anklagen redet sich der Vater in Rage, indem er Marie mit indirekten und direkten **Vorwürfen** überhäuft. Als er das Gespräch auf den Adjunkten lenkt, äußert er die Befürchtung, verlassen zu werden und „hier verderben, verkommen, verdursten“ (Z. 71 f.) zu müssen. Durch die **Alliteration der negativen Verben**, die in Form einer **Antiklimax** angeordnet sind und aus dem Bereich des „Umkommens“ stammen, klagt der Vater Marie auf heftige Weise an. Diese werde ihn ohne zu zögern dem Tod überlassen, sobald sie verheiratet sei.

Vorwurf der Nachlässigkeit

In der **monologischen Passage** des Vaters werden dann sogar **Vorwürfe** geäußert, die sich auf **lange in der Vergangenheit zurückliegende Vorfälle** beziehen. Es habe früher schon **Heimlichkeiten** der Tochter und der seit vier Jahren **verstorbenen Ehefrau** gegeben. In einem **Wutausbruch** unterstellt er seiner verstorbenen Gattin nicht nur Unaufrichtigkeit, er wittert auch eine **Verschwörung** gegen ihn, an der auch seine Tochter beteiligt gewesen sei. **Emphatisch** ruft er: „Verschworen wart ihr gegen mich, stumm verschworen“ (Z. 95 f.). Der heftig klingende **Ausruf** „O ihr, ihr“ (Z. 91) legt seine Vermutung offen, die beiden Frauen hätten eine **verschwörerische Einheit** gegen ihn gebildet. Sehr beleidigend klingt dabei auch der **animalische Vergleich**, die beiden hätten sich „aneinander gedrängt wie böse Katzen“ (Z. 93). Damit rückt er beide Frauen in die Nähe wilder Tiere. Durch die teils elliptisch

cholerische Anklagen

formulierte **Aufzählung** von Umständen, mit denen Mutter und Tochter angeblich unzufrieden waren, wirft er den Frauen **zu hohe Ansprüche** vor („Zu armselig die Wohnung, das Essen schmeckte nicht und ich war euch nicht lustig genug.“, Z. 97 f.).

Erregen von Mitleid

Zuletzt **stilisiert er sich** in diesem Abschnitt **zum Opfer** und setzt seine Tochter mit seiner geringen Lebenserwartung in Form einer Antiklimax unter Druck: „Vielleicht werde ich nicht neunzig, vielleicht nur fünfundachtzig – oder am Ende dauert's gar nur mehr zwei, drei Jahre, dann bist du frei [...].“ (Z. 108 ff.) Dieses Mittel ist eine sehr unfaire Taktik, da ihr nur schwer sachlich begegnet werden kann. Damit sind aber alle böswilligen und geplanten Ungerechtigkeiten des Vaters, die er in seiner langen Rede geäußert hat, gleichsam nachträglich sanktioniert. Ein **schwer kranker Mensch**, der sich einem nahen Angehörigen gegenüber in dieser Weise verhält, braucht an sich keinen echten sachlichen argumentativen Widerstand befürchten. Er will **Mitleid erregen**, um damit seine Tochter an sich zu binden. Besonders als sich diese nach seinem Wutausbruch abzuwenden droht (vgl. Z. 113), stellt er sich als alten und **hilflosen Mann** dar: „Ich bin krank ... ich bin alt ... und ich hab' Angst“ (Z. 114 f.). Anaphorische, parallel gebaute Sätze verleihen seiner Aussage Eindringlichkeit.

Ergebnis des Gesprächs

Die **Situation** hat sich nach diesem Gespräch **nicht grundsätzlich gewandelt**. Marie ist nach wie vor die **unterwürfige Pflegerin des Vaters**, der mit allen Mitteln versucht, seine **Tochter an sich zu binden** und ihr ein schlechtes Gewissen einzureden. Dass ihm dies trotz der Ansätze seiner Tochter zum Widerspruch gelingt, wird am Ende der Szene deutlich, als Marie wieder in die Rolle der Bediensteten schlüpft.

c **TIPP** **Beurteilung von Maries Verhalten gegenüber ihrem Vater**

Bei der letzten Teilaufgabe sollen Sie sich mit dem Verhalten Maries gegenüber ihrem Vater auseinandersetzen. Der Operator „beurteilen“ zielt dabei auf eine **dialektische Betrachtung** ab. Am Ende der literarischen Erörterung müssen Sie beide Positionen in Form einer **begründeten Stellungnahme** in Beziehung zueinander setzen. Hierbei bietet es sich an, auf Basis eines persönlichen Werturteils einer Seite den Vorzug zu geben oder durch Einschränkungen oder Kompromissvorschläge einen Ausgleich herzustellen.

Marie verhält sich ihrem Vater gegenüber sehr **unterwürfig** und entfremdet sich dadurch von sich selbst, da sie ihre **Ansprüche** auf ein glückliches und freies Leben stets **negiert**. Wie diese Haltung **ethisch-moralisch einzuschätzen** ist, soll in einer Stellungnahme untersucht werden.

Hinführung

Zunächst spricht **für Maries Verhalten**, dass sie die **einzig verbleibende Bezugsperson ihres Vaters** zu sein scheint. Als **alleiniges Kind** und angesichts des **Todes ihrer Mutter** ist sie die letzte Angehörige, die ihrem Vater im Alter beisteht. Marie führt Tätigkeiten aus, die der Pflege und Betreuung des Vaters dienen. Sie **hilft bei der Versorgung** des Vaters (vgl. Z. 121), unterstützt den Vater bei seinen Bewegungsabläufen (vgl. Z. 143 f.) und leistet auch in psychischer Hinsicht Hilfe; sie liest ihm vor (vgl. Z. 8, 16 ff.) und ist die einzige **Gesprächspartnerin**. Durch den angedeuteten Informationsaustausch mit dem Arzt ist sie wohl auch verantwortungsvoll in die medizinischen und therapeutischen Entscheidungen eingebunden (vgl. Z. 45 f.) und organisiert nicht zum ersten Mal den Erholungsaufenthalt auf dem Land (vgl. Z. 56 ff.). All dies spricht dafür, dass Maries Einsatz eine, wenn nicht sogar die zentrale Stütze im Leben des Vaters ist. Als letzte nahestehende Angehörige übernimmt Marie also die von ihr erwartete Verantwortung.

Argumente der Befürwortung

besondere Verantwortung als einziges Kind

Es darf allerdings nicht vergessen werden, dass ihr Verhalten und die Übernahme ihrer Rolle als pflegende Tochter auch der **Sicherung ihrer Existenz** dienen. In der Mitte des 19. Jahrhunderts konnte eine alleinstehende Frau kein eigenständiges Leben führen. Ohne finanzielle Absicherung fehlt ihr jede Grundlage, um sich den Lebensunterhalt zu sichern. So ist sie auf die **Beamtenpension ihres Vaters** (vgl. Z. 100) angewiesen, da sie **keine Aussicht auf ein eigenes Auskommen** hat, auch wenn in der Dramenszene eine Lebensperspektive als Ehefrau des Adjunkten angedeutet wird (vgl. Z. 68). Nach dem Willen ihres Vaters muss sie auf dessen Tod warten, um von einem Haushalt in den anderen zu gelangen (vgl. Z. 108 ff.). Somit ist ihr Verhalten nicht nur dem Verantwortungsbewusstsein, sondern auch schlichtem Selbstschutz geschuldet.

Abhängigkeit vom Vater

Neben diesen Argumenten, die Maries Verhalten nachvollziehbar erscheinen lassen, sprechen aber auch noch gewichtige **Aspekte gegen ihre Handlungsweise**. Zunächst ist festzustellen, dass sich Marie durch ihr unterwürfiges Verhalten dem Vater gegenüber selbst verleugnet und dessen **repressives Verhalten dadurch stützt**. Die respektlose und beleidigende Art des Vaters übersteigt jegliches Maß. Er stellt seine angebliche Vernachlässigung und scheinbare Gefährdung in fast hysterischer Weise zur Schau („[Du] läßt den Vater hier verderben, verkommen, verdursten“, Z. 71 f.) und ver-

Argumente der Ablehnung

geringer Widerstand gegen den Vater

schwendet kaum einen Gedanken an die Bedürfnisse seiner Tochter. Marie **lässt diese Behandlung unkommentiert über sich ergehen** und bringt auch nicht ihre Leistungen bei seiner Versorgung in die Diskussion ein. **Widerspruch bringt sie nur in Ansätzen** zum Ausdruck (vgl. Z. 69, 113). Dies führt dazu, dass der Vater seine Haltung und seine Redeweise immer weniger überprüft und seinen Egozentrismus immer mehr auslebt. Marie ist **immerhin 26 Jahre alt** und übernimmt auch, wie oben gezeigt, verantwortungsvolle Entscheidungen. Es ist anzunehmen, dass der Vater seine – tatsächlich schwierige – Lage zunehmend in den Vordergrund stellt und jede Empathie seinem Kind gegenüber verliert.

Missachtung von Chancen im eigenen Leben

Auf Chancen, die sich in ihrem Leben durchaus bieten, **verzichtet Marie** in vorauseilendem Gehorsam. So hält sie den **Kontakt zu dem Adjunkten**, der sie sogar an Weihnachten besucht hat, **nicht ernsthaft aufrecht**. Auf dessen Briefe angesprochen, erklärt sie: „[I]ch antworte ihm selten." (Z. 67) Die Tochter ist also kaum in der Lage, Perspektiven für die eigene Zukunft zu entwickeln, auch weil sie unter dem emotionalen Druck, den ihr Vater aufbaut, gänzlich nachgibt. Die Preisgabe der eigenen Lebensplanung zugunsten der häuslichen Pflege ist aber in keiner Weise von ihr zu verlangen. Hinzu kommt, dass Marie keinerlei Zeichen von Wertschätzung für ihren Verzicht erfährt. Vielmehr ist es so, dass ihr jegliche Anteilnahme verweigert wird („Nein, ich bedaure dich nicht", Z. 84). Da die Tochter trotz ihres Einsatzes keine emotionale Zuwendung durch ihren Vater erhält, ist es umso weniger verständlich, dass sie ihm ihre Zukunft opfert.

Synthese

Differenzierung zwischen Fiktionalität und historischem Befund

Die Frage, ob Maries Verhalten nachvollziehbar ist oder nicht, muss differenziert betrachtet werden. Der **literarischen Figur** könnte man sicher den Vorwurf machen, das repressive Verhalten des Vaters durch ihre **Passivität** zu stützen und die **eigene Zukunft aufs Spiel zu setzen**. Im Text werden ja durchaus Chancen angedeutet, wie Marie ihrem herrischen Vater entfliehen könnte. Aus **historischer Sicht** ergibt sich ein anderes Bild. In der gesellschaftlichen Wirklichkeit des 19. Jahrhunderts würde sich die Option, ihren Vater nicht zu pflegen, für Marie gar nicht stellen. Kinder galten als Absicherung im Alter und die **Pflege des alternden Vaters oder der alternden Mutter** wurde als **selbstverständlich** vorausgesetzt, zumal es **keine öffentlichen Pflegeeinrichtungen** gab. Nach der Lektüre des vorliegenden Dramenauszugs können es heutige Leserinnen und Leser umso mehr schätzen, dass die Pflegeversicherung mittlerweile als eine wichtige und obligatorische Absicherung in unserer Gesellschaft verankert ist.

FOS | BOS 13 Bayern ▪ Abiturprüfung 2018
Deutsch – Aufgabe II

LYRIK

Aufgabenstellung

Erschließen Sie die beiden Gedichte nach Inhalt, Sprache sowie Form, und ziehen Sie einen Vergleich.

Text 1 Mascha Kaléko (1907–1975): Emigranten-Monolog (1945)

Ich hatte einst ein schönes Vaterland,
So sang schon der Refugee[1] Heine[2].
Das seine stand am Rheine,
Das meine auf märkischem Sand[3].

Wir alle hatten einst ein (siehe oben!)
Das fraß die Pest, das ist im Sturm zerstoben.
O, Röslein auf der Heide[4],
Dich brach die Kraftdurchfreude[5].

Die Nachtigallen wurden stumm,
Sahn sich nach sicherm Wohnsitz um,
Und nur die Geier schreien
Hoch über Gräberreihen.

Das wird nie wieder, wie es war,
Wenn es auch anders wird.
Auch wenn das liebe Glöcklein tönt,
Auch wenn kein Schwert mehr klirrt.

Mir ist zuweilen so, als ob
Das Herz in mir zerbrach.
Ich habe manchmal Heimweh.
Ich weiß nur nicht, wonach …

Kaléko, Mascha: Emigranten-Monolog, In: Conrady. Das Buch der Gedichte. Deutsche Lyrik von den Anfängen bis zur Gegenwart. Neu hrsg. von Hermann Korte. Cornelsen, Berlin 2010, S. 464.

Hinweis
Die Jüdin Mascha Kaléko, aufgewachsen in Berlin, emigrierte im September 1938 in die USA. Am 6. Dezember 1945 nahm sie dort an einer Initiative zur Pflege der deutschen Literatur im Exil teil, die verstorbener deutscher Dichter gedachte. Kaléko lebte bis 1957 in New York, später wanderte sie nach Jerusalem aus. Zwischenzeitlich reiste sie oft nach Europa, u. a. nach Berlin und Zürich, wo sie 1975 starb.

Anmerkungen

1 Refugee (engl.): Flüchtling
2 Heine: Heinrich Heine (1797–1856), ein politisch engagierter Journalist und Schriftsteller, siedelte – wegen seiner politischen Ansichten in Preußen zunehmend angefeindet und zensiert – 1831 nach Paris über.
3 märkischer Sand: Bezug auf die nordostdeutsche Region Brandenburg; auch Titel eines Wander- und Marschliedes der 1920er-Jahre
4 Röslein auf der Heide: Verszeile aus Goethes Gedicht „Heidenröslein" (1789)
5 Kraftdurchfreude: Kraft durch Freude (KdF), Freizeitorganisation der NSDAP zum Zwecke der Gleichschaltung und Überwachung der Bevölkerung

Text 2 Hilde Domin (1909–2006): Mit leichtem Gepäck (1962)

Gewöhn dich nicht.
Du darfst dich nicht gewöhnen.
Eine Rose ist eine Rose.
Aber ein Heim
ist kein Heim.

Sag dem Schoßhund Gegenstand ab
der dich anwedelt
aus den Schaufenstern.
Er irrt. Du
riechst nicht nach Bleiben.

Ein Löffel ist besser als zwei.
Häng ihn dir um den Hals,
du darfst einen haben,
denn mit der Hand
schöpft sich das Heiße zu schwer.

Es liefe der Zucker dir durch die Finger,
wie der Trost,
wie der Wunsch,
an dem Tag
da er dein wird.

Du darfst einen Löffel haben,
eine Rose,
vielleicht ein Herz
und, vielleicht,
ein Grab.

Domin, Hilde: Sämtliche Gedichte.
Hrsg. von Nikola Herweg und Melanie Reinhold.
Fischer Verlag, Frankfurt am Main 2011, S. 101.

Hinweis

Hilde Domin verbrachte ihre Kindheit und Jugendzeit in Köln. Sie studierte u. a. in Heidelberg, Berlin und Florenz. Wegen ihres jüdischen Glaubens von den Nazis verfolgt floh sie 1939 aus Rom über Großbritannien und Kanada in die Dominikanische Republik. 1954 kehrte Domin zwar in die Bundesrepublik zurück, reiste aber bis ins hohe Alter viel, z. B. nach Spanien oder England.

Lösungsvorschlag

TIPP **Gedichtvergleich**

Der diesjährige Gedichtvergleich zeichnet sich dadurch aus, dass zwei Dichterinnen aus der gleichen Generation die gleiche Erfahrung zur Sprache bringen, nämlich den Verlust der Heimat. Zudem beträgt der Abstand zwischen der Entstehungszeit beider Werke gerade einmal 17 Jahre. Beide Gedichte sind der **Literatur der Nachkriegszeit** zuzurechnen. Die **Themen „Flucht" und „Exil"** werden in beiden Texten aufgrund eigener Erfahrungen der Schriftstellerinnen aufgegriffen. Die **umfangreichen Hinweise liefern Hintergrundinformationen** zum Leben der Dichterinnen und können aufgrund der autobiografischen Bezüge im Text in die Interpretation einfließen.

Einleitung
Schicksal beider Autorinnen

Das Schicksal des Emigranten ist, nach einem bekannten Zitat, dass die Fremde nicht Heimat, aber die Heimat Fremde werden kann. Der diesjährige Gedichtvergleich basiert auf zwei Texten, in denen sich die Autorinnen mit ihrem Schicksal, sich fremd zu fühlen, beschäftigen. Mascha Kaléko und Hilde Domin stammen aus derselben Generation und haben Deutschland aufgrund ihrer jüdischen Wurzeln fast zur gleichen Zeit verlassen müssen. Beide aber sahen sich stets als Deutsche und litten unter der erzwungenen **Trennung von der Heimat**. Im Folgenden sollen die Gedichte „Emigranten-Monolog" von Mascha Kaléko aus dem Jahre 1945 und „Mit leichtem Gepäck" von Hilde Domin aus dem Jahre 1962 nach Form, Sprache und Inhalt verglichen werden.

Hauptteil
Gedicht 1: Autorin, Titel, Erscheinung, Thema

Die 1907 geborene Lyrikerin **Mascha Kaléko** verarbeitet im Gedicht „**Emigranten-Monolog**" aus dem Jahre 1945 ihr eigenes Schicksal, aber auch jenes der deutschen Dichter allgemein, die gezwungen waren, das Land ihrer Muttersprache zu verlassen. Erfahrungen von Verlust werden in dem **Rollengedicht**, in dem das lyrische Ich aus **Sicht eines Emigranten** mit sich selbst spricht, ebenso thematisiert wie das Gefühl der Unsicherheit in Bezug auf die eigene Identität.

formale Aspekte

Der Text besteht aus **fünf Strophen zu je vier Zeilen** und macht optisch angesichts der gleichen Länge der Strophen einen geschlossenen Eindruck. Dennoch wird bei den Strophen ein **unregelmäßiges Reimschema** verwendet. Die erste Strophe weist einen umarmenden Reim (abba) auf, die beiden folgenden Einheiten bilden jeweils zwei Paarreime (ccdd und eeff), bei den letzten beiden Strophen liegt ein unterbrochener Kreuzreim (2. und 4. Vers reimen sich) vor. Es hat den Anschein, als würde ein häufig genutztes Gestaltungsmittel bei Gedichten, der Endreim, im Laufe der Verszeilen immer mehr „verblassen", was an späterer Stelle noch zu deuten ist. Das Versmaß ist ebenfalls unregelmäßig, auch wenn insgesamt ein **jambisches Metrum** dominiert. Hinsichtlich der Versendungen ist festzustellen, dass **männliche und weibliche Kadenzen in jeder Strophe unterschiedlich angeordnet** sind. Somit hat man in Bezug auf die formale Gestaltung des Gedichts den Eindruck, dass nicht Formstrenge im Vordergrund steht, sondern durch eine Variation des Reimschemas und die lockere Handhabung des Metrums viel eher **Unregelmäßigkeiten und Brüche betont** werden.

Inhalt:

Emigration und Heimatverlust

Wie der Titel des Gedichts („Emigranten-Monolog") bereits nahelegt, meldet sich in dem Text ein lyrisches Ich zu Wort, das seine **Gedanken in Form eines Selbstgesprächs** äußert. Im Zusammenhang mit der Angabe des Entstehungsjahrs können die Leser bereits den Inhalt des Gedichts erahnen. Es geht um eine **Auseinandersetzung mit der Erfahrung von Emigration** und dem damit verbundenen **Verlust der Heimat**.

zentrale Aspekte der Strophen:

Trennung von der Heimat

Das lyrische Ich meldet sich zu Beginn des Gedichts in der ersten Person Singular zu Wort (vgl. V. 1) und spricht im Präteritum von seinem „Vaterland" (V. 1). Es vergleicht sein Schicksal sogleich mit dem Heinrich Heines, einem der bekanntesten deutschen Dichter. Auch er musste emigrieren. Damit wird die **Exilsituation** bereits umrissen: Das lyrische Ich inszeniert sich als Dichterin im Exil, die fest in ihrer regionalen Heimat verwurzelt war. Dabei wird die rheinische Heimat Heines der eigenen brandenburgischen Herkunft gegenüberstellt, um gleichzeitig aber ein ähnliches Schicksal, die Vertreibung aus dem Heimatland, anzudeuten.

Vernichtung der Kultur

Das Vaterland, das „alle" (V. 5) Zeitgenossen des lyrischen Ich einst hatten, wird in der nächsten Strophe nicht noch einmal erwähnt, sondern durch einen Verweis („siehe oben", V. 5) ersetzt. Das nicht genannte **Heimatland** begegnet in dieser Strophe als **ein zerstörtes Land**. Ein Goethe-Zitat wird durch die brutale Konfrontation mit einem Fachbegriff aus der Sprache des „Dritten Reiches" gleichsam verschluckt und spiegelt so den kulturellen Verlust in der Zeit der Nationalsozialismus wider.

geistige Verarmung

In der Mittelstrophe wird darauf geblickt, welche **Auswirkungen die Zerstörung** der vergangenen Jahre auf die Gegenwart hat. Auf allegorische Weise wird deutlich, dass in der zurückgelassenen Heimat geistige Leere und Trübsal dominieren.

dauerhafte Zerstörung

In der vierten Strophe erfolgt ein **pessimistischer Ausblick in die Zukunft**. Auch wenn wieder Frieden herrscht, ist die Heimat als solche dauerhaft zerstört.

Schmerz und Sehnsucht des lyrischen Ich

In der fünften und letzten Strophe beschreibt das lyrische Ich die Auswirkungen dieses traurigen Faktums auf das eigene Seelenleben. Auf eindringliche Weise kommen der **Schmerz angesichts des Verlusts der Heimat** sowie ein **diffuses Gefühl der Sehnsucht** zum Ausdruck.

In **sprachlicher Hinsicht** zeichnet sich das Gedicht Kalékos durch einen großen **Bilderreichtum** sowie ein **Spiel mit literarischen Zitaten** aus. Bereits im ersten Vers des Gedichts macht sich das lyrische Ich ein Diktum eines bekannten deutschen Dichters, nämlich Heinrich Heines, zu eigen, wenn es mit folgenden Worten anhebt: „Ich hatte einst ein schönes Vaterland“ (V. 1). Wie die **Anapher** der Verse drei und vier nahelegt, zieht das lyrische Ich Parallelen zwischen dem eigenen Schicksal und jenem Heines. Während dieser seine Heimat „am Rhein[ ]“ (V. 3) verlor, musste das lyrische Ich die Mark Brandenburg, für die metonymisch der „märkische[ ] Sand“ (V. 4) steht, verlassen. Die Bezeichnung Heines als „Refugee“ (V. 2) verdeutlicht zum einen, dass er sein Vaterland aufgrund einer Notsituation verlassen hat, gleichzeitig weist der **Anglizismus** auf die Konfrontation mit einer anderen Sprache in der Fremde hin.

sprachliche Merkmale:
bildhafte Sprache

Indem das lyrische Ich zu Beginn der zweiten Strophe betont, dass „[sie] alle“ (V. 5) das Schicksal, die Heimat verlassen zu müssen, erleiden mussten, reiht es sich in eine Gruppe von Exilanten ein und stellt auf diese Weise einen größeren Zusammenhang her. Es folgt ein geschichtlicher Rückblick, der aufzeigt, wie es zum Verlust des Vaterlands kam. Auffällig ist, dass das **Wort „Vaterland“** in dieser Strophe durch die in Klammern angefügte Referenz „siehe oben“ (V. 5) **ersetzt** ist. Damit ist gemeint, der Begriff fällt bereits weiter oben im Text (vgl. V. 1). Wie das Vaterland für das lyrische Ich verlorenging, so ist es auch im Text verschwunden. Mithilfe eindringlicher **Metaphern**, die an den allegorischen Stil der Barocklyrik erinnern, wird der Zerfall des Vaterlands beschrieben: „Das fraß die Pest, das ist im Sturm zerstoben.“ (V. 6) Indem im folgenden Vers das „Röslein auf der Heide“ (V. 7) direkt angesprochen wird, erfolgt erneut eine **Anspielung auf ein literarisches Zitat**, nämlich aus Goethes „Heidenröslein“. Dieses steht stellvertretend für alle künstlerischen Artefakte, die aus dem Land der Dichter und Denker hervorgingen. Nicht ein Knabe hat das Röslein gepflückt, sondern „die Kraftdurchfreude“ (V. 8). Dieser Ausdruck, der eigentlich für eine Freizeitorganisation der NSDAP steht, wird in **personifizierter** Form verwendet und bringt so die Zerstörung deutscher Kulturgüter während der Zeit des Nationalsozialismus auf ironisch-bittere Weise zum Ausdruck.

Spiel mit literarischen Zitaten

In der dritten Strophe werden die Folgen dieses Kulturbruchs aufgezeigt. In den Versen neun und zehn wird das Emigrantenschicksal vieler Dichter, die **symbolisch** als „Nachtigallen“ (V. 9) bezeichnet werden, angedeutet. Ihnen blieb nur die Möglichkeit, in ein inneres oder äußeres Exil zu fliehen. Das bedeutet, man konnte nur „stumm“ (V. 9) werden oder einen „sicher[en] Wohnsitz“

symbolischer Ausdruck, Wechsel ins Präsens

(V. 10) suchen. **Der Wechsel vom Präteritum zum Präsens** in den folgenden Versen macht deutlich, dass der Blick nun in die Gegenwart gerichtet ist. **Antithetisch** stehen den Nachtigallen „Geier" (V. 11) gegenüber, die inzwischen über deutschen Landen kreisen und die Assoziationen von Tod und Ödnis wecken. Die **Häufung von ei-Lauten** (vgl. V. 11 f.) macht die Eintönigkeit, die das Geschrei der Geier mit sich bringt, lautlich fassbar und kontrastiert mit dem Verstummen der Nachtigallen.

futurische Aussage, Konditionalsätze

Die vierte Strophe beginnt mit einer **apodiktischen, in die Zukunft gerichteten Aussage:** „Das wird nie wieder, wie es war" (V. 13). An dieser Tatsache können auch die Konzessionen, die in den drei Folgeversen gemacht werden, nichts ändern. Zwar wird sich Deutschland auch wieder ändern (vgl. V. 14), zwar sind bereits lieblichere Töne aus der Heimat zu vernehmen (vgl. V. 15), zwar herrscht wieder Friede, denn „kein Schwert […] klirrt [mehr]" (V. 16), doch ist eine Rückkehr zu einem Zustand vergangener Zeiten unmöglich. Obwohl diese Einwände, teils in Form eines **Parallelismus** (vgl. V. 15 f.), aneinandergereiht werden, scheint es fast so, als füge sich das lyrische Ich der Einsicht, die Heimat sei unwiederbringlich verloren.

Rückkehr zur 1. Person Singular

In der letzten Strophe kehrt das lyrische Ich zur Beschreibung der eigenen Situation zurück, wie der **Wechsel zur ersten Person Singular** deutlich macht. Der Schmerz, den es angesichts des Verlusts der Heimat verspürt, kommt in der Metapher des gebrochenen Herzens zum Ausdruck (vgl. V. 18). Zugleich wird zu Beginn dieser Strophe eine gewisse Unsicherheit in Bezug auf die eigene Gefühlslage geäußert, denn das lyrische Ich räumt ein, es fühle sich nur so an, „**als ob**" (V. 17) sein Inneres zerbrochen sei. Auch das Gefühl von „Heimweh" (V. 19) bleibt diffus, da dem lyrischen Ich nicht klar ist, wonach es sich eigentlich sehnt (vgl. V. 20). Die **drei Punkte**, mit denen das Gedicht schließt, sind ein Zeichen für die Ratlosigkeit des lyrischen Ich, das das eigene Schicksal nicht recht zu deuten weiß. Insofern legt die letzte Strophe von Kalékos Gedicht offen, dass nicht nur das Vaterland, sondern ein Stück der eigenen Identität mit der Emigration verlorenging.

zusammenfassende Deutung

Alles in allem erscheint der „Emigranten-Monolog" wie der Versuch, einem schwer definierbaren Gefühl Ausdruck zu verleihen: Das lyrische Ich hat nicht nur seine Heimat im topografischen Sinn verloren, sondern gleichsam auch seine geistige Umgebung. Die Trennung vom Vaterland ist also kein rein räumliches Problem, das durch eine Rückkehr gemildert werden könnte. Vielmehr ist die **Zerstörung der deutschen (Sprach-)Kultur durch den Nationalsozialismus von Dauer**, sodass ein Anknüpfen an geistige Traditionen vor 1933 nicht möglich scheint. Die Vertreibung der Dichter, der „Nachtigallen“, ist irreversibel. Das lyrische Ich steht stellvertretend dafür, dass mit Emigration nicht nur eine **Erschütterung der eigenen Identität** verbunden war, sondern auch **eine Verarmung der geistigen Kultur** insgesamt.

Gedicht 2: Autorin, Titel, Erscheinung, Thema

Die nahezu gleichaltrige Lyrikerin **Hilde Domin** (1909–2006) hat nur etwa 17 Jahre nach dem zuvor interpretierten Werk ein noch deutlich moderner klingendes Gedicht mit dem Titel **„Mit leichtem Gepäck“** verfasst, das aber auf den ersten Blick in ähnlicher Weise das Schicksal von Emigranten, insbesondere die **mit der Auswanderung verbundenen Entbehrungen**, aufgreift.

formale Aspekte und Kommunikationssituation

Ebenfalls in **fünf Strophen**, deren **Verse allerdings viel kürzer** und teilweise sehr **uneinheitlich** sind, werden die Lebensverhältnisse des Vertriebenen bzw. des Heimatlosen thematisiert. Sogleich fällt aber die ganz andere **Sprechersituation** auf: Das lyrische Ich meldet sich nicht in der ersten Person Singular zu Wort, sondern wendet sich in einer Serie von **Anreden an ein „Du“**. In Form von Imperativen oder durch Aussagen, in denen jeweils ein Verbot bzw. eine Erlaubnis ausgesprochen wird, erhält der Angesprochene eine Reihe von Ratschlägen und Anweisungen. Dieser scheint sich in einer ähnlichen Situation wie das lyrische Ich zu befinden. Der Tonfall erinnert an die einseitige **Kommunikation eines lebenserfahrenen Individuums mit einem Zuhörer**, der die beschriebenen Situationen noch erlebt bzw. vor sich hat. Auch bei diesem Gedicht ist der Titel („Mit leichtem Gepäck“) als Schlüssel zur Deutung unerlässlich. Dieser weckt Assoziationen an eine Reise, auf die nur wenige Gegenstände mitgenommen werden können. Im Zusammenhang mit den Entbehrungen, von denen in den nachfolgenden Versen die Rede ist, kann der Leser erahnen, dass es sich nicht um eine Reise im engeren Sinn, sondern vielmehr um eine Flucht handelt.

Inhalt:

Ratschläge des lyrischen Ich an ein implizites Du

Zu Beginn der ersten Strophe wendet sich das lyrische Ich direkt an ein Gegenüber und warnt davor, an alten Gewohnheiten festhalten zu wollen. Vielmehr gehe es darum, **alte Denkmuster**, vor allem aber die Vorstellung, ein richtiges Zuhause zu haben, **abzulegen**. In der zweiten Strophe verlangt das lyrische Ich, auf Gegenstände, die einen förmlich wie ein „Schoßhund“ (V. 6) anspringen, zu verzichten. Man sei nämlich nicht dazu bestimmt, an einem Ort zu verweilen. In der Folgestrophe macht das lyrische Ich jedoch ein Zugeständnis. So sei es **erlaubt, ein Minimum an Habseligkeiten sein Eigen zu nennen**, damit existenzielle Bedürfnisse befriedigt werden. In der vierten Strophe wird dies als Voraussetzung dafür gesehen, auch **Glücksmomente** zu erleben. In der fünften und letzten Strophe gibt das lyrische Ich Auskunft darüber, was das Gegenüber **angesichts eines Lebens auf der Flucht erwartet**. Wieder eine Heimat zu finden, wird dabei nicht genannt.

Die **sprachliche Gestaltung** des Gedichts spiegelt die Einschränkungen, die mit dem Verlassen der Heimat verbunden sind, wider. Das wird bereits zu Beginn des Gedichts, als das lyrische Ich mit eindringlichen, aber einfachen Worten einen **Appell** an sein Gegenüber richtet, deutlich. „Gewöhn dich nicht", ruft es aus und wiederholt diese Warnung in leicht abgewandelter Form im folgenden Vers. So klar diese Forderung formuliert ist, so undeutlich erscheint zunächst das, woran sich der so Angesprochene nicht gewöhnen darf. Fest steht, dass es darum geht, Gewohnheiten, die bisher bei der eigenen Wahrnehmung und der Bewertung von Zusammenhängen eine Rolle spielten, infrage zu stellen. Das kommt in der Gegenüberstellung der **tautologischen Aussage** „Eine Rose ist eine Rose" (V. 3) mit dem **Paradoxon** „Aber ein Heim / ist kein Heim" (V. 4 f.) zum Ausdruck. Letzteres kann angesichts einer anzunehmenden Exilsituation so gedeutet werden, dass der Ort, an dem man sich gerade befindet, kein Zuhause im eigentlichen Sinne ist. Die Aussage, bei der Rose handle es sich im Gegensatz dazu nicht um eine Täuschung, lässt verschiedene Deutungen zu. Vielleicht ist sie ein Zeichen des Willkommens oder sie ist als Symbol zu verstehen, das auf die Möglichkeit einer Liebesbeziehung – auch in der Ferne – verweist. Die **positiv konnotierte Rose** steht jedoch in deutlichem Gegensatz zu dem „Heim" (V. 4 f.), das es nicht mehr geben könne.

sprachliche Merkmale:

Appellstruktur, vieldeutige und offene Aussagen

Der **belehrende Ton**, der zu Beginn des Gedichts dominiert, zieht sich auch durch die zweite Strophe, die ebenfalls mit einem **Imperativ** einsetzt („Sag […] ab", V. 6). Das lyrische Ich gibt den Befehl, „dem Schoßhund Gegenstand" (V. 6) abzuschwören. Der sprachlich als Einheit zu verstehende Ausdruck legt nahe, dass Besitztümer, die wie ein Schoßhund ein Gefühl von Heimeligkeit und Geborgenheit vermitteln, sich in der gegenwärtigen Situation als trügerisch erweisen. Das **metaphorisch** als Haustier umschriebene Eigentum kommt auch in der Fremde auf den Flüchtenden zu und verlockt ihn, sich häuslich einzurichten. Wer dieser Versuchung jedoch nachgibt, der irrt. Das lyrische Ich stellt klar: „Du / riechst nicht nach Bleiben." (V. 9 f.) Die **paradoxe Aussage** ist so zu deuten, dass ein Sich-Einrichten angesichts eines gezwungenermaßen unsteten Lebens sinnlos ist.

paradoxer und metaphorischer Ausdruck

Dass nicht Besitzlosigkeit, sondern die Reduzierung auf ein Minimum gefordert wird, macht die dritte Strophe deutlich. Zum „leichten Gepäck" gehört ein Löffel, den sich das Gegenüber als Zeichen des Ausnahmezustands um den Hals hängen soll. Auch hier wird der Ratschlag im Befehlston erteilt (vgl. V. 12). Das **Paradoxon**, es sei besser, nur einen Löffel und nicht zwei zu besitzen (vgl. V. 11), kann insofern aufgelöst werden, als der Verzicht auf unnötigen Ballast bei einer Flucht eine Hilfe ist. Der praktische Nutzen eines Löffels zeigt sich beim Essen, „denn mit der Hand / schöpft sich das Heiße zu schwer" (V. 14 f.). Ob sich „das Heiße" wirklich nur auf heiße Nahrung bezieht oder ob der Ausdruck im übertragenen Sinn gebraucht wird, muss offenbleiben. Denkbar wäre, dass hiermit schwierige und heikle Situationen gemeint sind, die in der Not mit einfachen Mitteln bewältigt werden müssen. Vielleicht ist auch die Distanz zur Umgebung und zum Alltag insgesamt gemeint, den man sozusagen nicht ohne Werkzeug, also nicht mit dem Körper berühren soll oder kann.

argumentativer Ton, Vergleiche

Die Möglichkeitsform, die zu Beginn der vorletzten Strophe verwendet wird, markiert insofern einen Einschnitt, als der bisher dominierende Befehlston einer eher **argumentativen Aussage** weicht. Die Strophe ist als **Fortsetzung der Löffel-Metapher** zu verstehen. Ohne Löffel rinne einem „der Zucker [...] durch die Finger" (V. 16). Ohne Mindestmaß an Habseligkeiten, so eine mögliche Deutung, kann man auch das Süße nicht festhalten. Die nachfolgenden **Vergleiche** liefern Anhaltspunkte dafür, welche Erfahrungen das Leben versüßen. Neben „Trost" (V. 17) wird die Erfüllung eines lang gehegten Wunsches genannt (vgl. V. 18 ff.).

Chiffre und Symbol beim Ausdruck von Erwartungen

Was man realistischerweise vom Leben nach dem Fortgang aus der Heimat erwarten darf, wird in der fünften und letzten Strophe thematisiert. Hier folgt eine **Aufzählung** von jenen Dingen, mit denen der Angesprochene in der Ferne im besten Falle rechnen darf. Wieder werden „Löffel" (V. 21) und „Rose" (V. 22) genannt, denen als **Chiffre** unterschiedliche Bedeutungen, beispielsweise geringer Besitz oder die Erfahrung von Liebe, beigemessen werden können. Daneben darf man, wie emphatisch betont wird, „vielleicht ein Herz" (V. 23) haben. Mit diesem **Symbol** kommt zum Ausdruck, dass man sich auch in der Fremde ein Stück Mitmenschlichkeit bewahren kann. „[V]ielleicht" (V. 24) darf man fern der Heimat auch auf „ein Grab" (V. 25) hoffen. Was zunächst bedrohlich und pessimistisch klingt, kann auch positiv verstanden werden. Ein Grab wird auch als letzte Ruhestätte bezeichnet. Gerade die Sehnsucht nach Ruhe und nach einer Stätte, an der man dauerhaft bleiben kann, lässt diesen Ort aus der Sicht von Menschen, die getrieben und auf der Flucht sind, wie ein Hoffnungszeichen erscheinen. Gleichzeitig wird im letzten Vers des Gedichts darauf hingewiesen, dass es für die Exilierten so etwas wie Heimat zu Lebzeiten nicht mehr geben kann und das Exil ein lebenslängliches bleibt.

Bei der zusammenfassenden Deutung des Gedichts kann ein Blick auf die historischen Hintergründe und auf die biografischen Bezüge zur Autorin hilfreich sein. Das im Titel **angedeutete Thema der „Flucht"** wird bereits **aus einer gewissen Distanz betrachtet**. Das liegt auch an der besonderen Sprechersituation, in der das lyrische Ich seinem Gegenüber Ratschläge erteilt, die sich beinahe wie eine Gebrauchsanweisung für das Leben in der Fremde lesen. Inwiefern das lyrische Ich selbst Erfahrungen von Flucht und Heimatlosigkeit gemacht hat, bleibt offen. Aufgrund der vieldeutigen Bildlichkeit müssen die Anweisungen, die das lyrische Ich dem angesprochenen Emigranten gibt, erst erschlossen werden. Es drängt sich der Gedanke auf, dass sich das **Gefühl, Vorsicht walten zu lassen, auch auf die Sprache niedergeschlagen** und zu mehrdeutigen Formulierungen geführt hat. Diese Offenheit ist ein Spiegel der mit Emigration verbundenen Situation: Der Mensch bleibt „auf dem Sprung" und muss „mit leichtem Gepäck" reisen. Die Tatsache, dass die Ursachen der **Flucht** im Text mit keinem Wort erwähnt werden, deutet auf die **Universalität dieses Zustandes** hin. Insofern ist das Gedicht zeitlos und auf viele Schicksale übertragbar. Bezieht man die **Biografie der Dichterin**, die aus Deutschland flüchten musste und bis ins hohe Alter zahlreiche Reisen unternommen hat, mit in die Überlegungen ein, so gewinnen die abstrakten Verse des Gedichts, die die **Erfahrung von Unbehaustheit und Heimatlosigkeit** zum Ausdruck bringen, an existenzieller Aussagekraft.

zusammenfassende Deutung

Der **Vergleich der beiden Gedichte** erfordert eine vielschichtige Betrachtungsweise. Deutliche Unterschiede zeigen sich hinsichtlich der **Sprechsituationen**. Während das lyrische Ich in Kalékos Gedicht in monologisierender Form einen Einblick in die eigene Gefühlswelt gewährt, die von Erfahrungen der persönlich erlebten Emigration geprägt ist, „versteckt" sich der Sprecher in Domins Gedicht hinter einer Flut von Warnungen und Empfehlungen, die an ein nicht näher bestimmtes Du gerichtet sind. In Bezug auf den **Inhalt** des Gedichts können sowohl Gemeinsamkeiten als auch Unterschiede festgemacht werden. In beiden Texten kommt es zu einer **Auseinandersetzung mit der Erfahrung von Emigration**, die einen existenziellen Einschnitt im Leben vieler Menschen mit sich brachte. Das Gefühl der Heimatlosigkeit, verbunden mit der **Gewissheit, dass es nie mehr so werden wird wie einst**, wird in beiden Gedichten zum Ausdruck gebracht. Im „Emigranten-Monolog" wird der Verlust des Vaterlands nicht nur auf das persönliche Schicksal bezogen. Es geht vor allem auch um den **Verlust geistiger Güter** und die Aushöhlung der deutschen Kultur durch den Nationalsozialismus. In Domins Gedicht „Mit leichtem Gepäck" werden **historische Bezüge weniger direkt** hergestellt. Hier wird

Gedichtvergleich

Inhalt: Emigration als gemeinsames Thema

Unterschiede in Bezug auf Nähe und Distanz zum Gegenstand

eher abstrakt die mit Emigration verbundene Erfahrung thematisiert, sich auf das absolut Notwendige beschränken und auf materiellen Besitz weitgehend verzichten zu müssen. Das „leichte Gepäck“ steht zunächst **allgemein für weitgehenden Verzicht auf materiellen Besitz** auf Reisen. Erst im Wissen um den biografischen Hintergrund der Dichterin und die Betonung von Heimat- und Besitzlosigkeit im Text wird das Thema der Emigration fassbar. Vielleicht ist diese **Tendenz zur Verallgemeinerung** auch auf den zeitlich größeren Abstand zwischen dem Ende der Nazi-Diktatur und der Entstehung des Gedichts (1962) zurückzuführen. Im Gegensatz dazu hat Kaléko den „Emigranten-Monolog“ kurz nach Ende des Zweiten Weltkriegs, als die Zerstörung Deutschlands noch unmittelbar erkennbar war, verfasst. Die erzwungene Flucht, die Kaléko mit großem lyrischen Aufwand beklagt, erscheint bei Domin eher als **allgemein menschliche Grunderfahrung:** Keine Umgebung kann zum Heim werden, der Mensch ist immer irgendwie unterwegs und „auf dem Sprung“.

Im Bezug auf die **Form** beider Texte kann man einen deutlichen Gegensatz erkennen. Zwar bestehen **beide Gedichte aus fünf Strophen**, diese weisen jedoch deutliche Unterschiede auf. In **Kalékos Gedicht** sind die **Verse durch verschiede Reimformen miteinander verbunden** und das **Metrum**, der Jambus, trägt zur Rhythmisierung des Gedichts bei. Der **Rückgriff auf traditionelle Formen** ist auch als Folge der inhaltlichen Auseinandersetzung mit „Klassikern“ der deutschen Literatur (Goethe und Heine) zu verstehen. Dass sich trotzdem **Auflösungserscheinungen in der Form** zeigen (unregelmäßige Zahl an Hebungen, freie Füllung der Verse, unterbrochener Reim in den letzten beiden Strophen) spiegelt den mit der NS-Herrschaft einhergehenden Kulturbruch wider. Im Gegensatz dazu **verzichtet Hilde Domin bei ihrem Text fast vollständig auf traditionelle Formelemente**. In ihrem Gedicht steht die **Reduzierung auf ein Minimum im Vordergrund**, was sich auch in der Form des Gedichts zeigt.

Form: konventionelle lyrische Elemente vs. Verzicht auf traditionelle Mittel

Dieser Befund gilt auch in Hinblick auf die **sprachliche Gestaltung** beider Gedichte. Der **jüngere Text** ist in einer **rhythmisierten Prosa** verfasst und kommt insgesamt mit **wenigen rhetorischen Mitteln** aus. Diese Reduzierung in der Sprache führt dazu, dass einzelne Begriffe, vorwiegend Nomen, besonderes Gewicht erhalten, zugleich aber **bedeutungsoffen** sind. Der Verzicht auf sprachlichen „Schmuck“ korrespondiert auch mit der Forderung des lyrischen Ich, mit einem Minimum an Besitz auszukommen. Dass **Kaléko** in ihrem Gedicht im Gegensatz dazu weiterhin eher **gängige Metaphern und Symbole** verwendet, kann darauf zurückgeführt werden, dass sie sich mit dem Schicksal von Dichtern aus-

Sprache: prosaischer, schmuckloser Ausdruck vs. metaphorische Sprache

einandersetzt und damit auch in die Vergangenheit blickt. Nichtsdestotrotz finden sich auch in ihrem Text **unkonventionelle Formulierungen**, die den Kontrast zwischen gegenwärtigen und vergangenen Grundbedingungen des Lebens verdeutlichen.

Schluss
Heimatverlust als aktuelles Thema

Insgesamt eröffnen beide Gedichte einen Zugang zu einem allgemein menschlichen Thema, der Heimatlosigkeit. Gerade angesichts der Debatten um die Flüchtlingskrise ist es lohnenswert, sich mit Erfahrungen auseinanderzusetzen, die Menschen beim Verlassen ihrer Heimat gemacht haben. Insbesondere das Gedicht von Hilde Domin kann aufgrund seines zeitlosen Charakters auf die aktuelle Situation bezogen werden. Beide Texte sind jedoch auch als Mahnung zu verstehen, Menschen vor dem Schicksal zu bewahren, ihre Heimat zu verlieren.

EPIK

Aufgabenstellung

a Fassen Sie den Inhalt des vorliegenden Auszugs aus Treichels Erzählung zusammen.

b Analysieren Sie die Beziehung des Erzählers zu seiner Familie. Berücksichtigen Sie dabei auch die sprachliche und erzähltechnische Gestaltung

c Arbeiten Sie die Erfahrung der Mutter mit Flucht und Vertreibung heraus und beurteilen Sie vor diesem Hintergrund ihr Verhalten.

Text **Hans-Ulrich Treichel (*1952): Der Verlorene (1998)**

Mein Bruder hockte auf einer weißen Wolldecke und lachte in die Kamera. Das war während des Krieges, sagte die Mutter, im letzten Kriegsjahr, zuhaus. Zuhaus, das war der Osten, und der Bruder war im Osten geboren worden. Während die Mutter das Wort „Zuhaus" aussprach, begann sie zu weinen, so wie sie oft zu weinen begann, wenn vom Bruder die Rede war. Er hieß Arnold, ebenso wie der Vater. Arnold war ein fröhliches Kind, sagte die Mutter, während sie das Photo betrachtete. Dann sagte sie nichts mehr, und auch ich sagte nichts mehr und betrachtete Arnold, der auf einer weißen Wolldecke hockte und sich freute. Ich weiß nicht, worüber Arnold sich freute, schließlich war Krieg, außerdem befand er sich im Osten, und trotzdem freute er sich. Ich beneidete den Bruder um seine Freude, ich beneidete den Bruder um die weiße Wolldecke, und ich beneidete ihn auch um seinen Platz im Photoalbum. Arnold war ganz vorn im Photoalbum, noch vor den Hochzeitsbildern der Eltern und den Porträts der Großeltern, während ich weit hinten im Photoalbum war. Außerdem war Arnold auf einem ziemlich großen Photo abgebildet, während die Photos, auf denen ich abgebildet war, zumeist kleine, wenn nicht winzige Photos waren. Photos, die die Eltern mit einer sogenannten Box geschossen hatten, und diese Box konnte anscheinend nur kleine beziehungsweise winzige Photos machen. Die Photos, auf denen ich abgebildet war, mußte man schon sehr genau betrachten, um überhaupt irgend etwas erkennen zu können. Eines dieser winzigen Photos zeigte beispielsweise ein Wasserbecken mit mehreren Kindern, und eines dieser Kinder war ich. Allerdings war von mir nur der Kopf zu sehen, da ich, der ich damals noch nicht schwimmen konnte, im Wasser saß, das mir wiederum fast bis zum Kinn reichte. Außerdem war mein Kopf teilweise verdeckt von einem im Wasser und vor mir stehenden Kind, so daß das winzige Photo, auf dem ich abgebildet war, nur einen Teil meines Kopfes direkt über der Wasseroberfläche zeigte. Darüber hinaus lag auf dem sichtbaren Teil des Kopfes ein Schatten, der wahrscheinlich von dem vor mir stehenden Kind ausging, so daß von mir in Wahrheit nur das rechte Auge zu sehen war. Während mein Bruder Arnold schon zu Säuglingszeiten nicht nur wie ein glücklicher, sondern auch wie ein bedeutender Mensch aussah, war ich auf den meisten Photos meiner Kindheit zumeist nur teilweise und manchmal auch so gut wie überhaupt nicht zu sehen. So gut wie überhaupt nicht zu sehen war ich beispielsweise auf einem Photo, das anläßlich meiner Taufe aufgenommen war. Die Mutter hielt ein weißes Kissen auf dem Arm, über dem eine wiederum weiße Decke lag. Unter dieser Decke befand ich mich, was man daran erkennen konnte, daß die Decke sich am unteren Ende des Kissens verschoben hatte und die Spitze eines Säuglingsfußes darunter hervorschaute. In gewisser Weise setzten alle weiteren Photos, die von mir in meiner Kindheit gemacht worden waren, die Tradition dieses ersten Photos fort, nur daß auf späteren Photos statt des Fußes der rechte Arm, die halbe Gesichtshälfte oder wie auf dem Schwimmbadphoto ein Auge zu sehen war. Nun hätte ich mich mit der nur teilweisen Anwesenheit meiner Person im Familienalbum abfinden können, hätte es sich die Mutter nicht zur Angewohnheit gemacht, immer wieder nach dem Album zu greifen, um mir die darin befindlichen Photos zu zeigen. Was jedesmal darauf hinauslief, daß über die kleinen und winzigen und mit der Box geschossenen Photos, auf denen ich beziehungsweise einzelne Körperteile von mir zu sehen waren, ziemlich schnell hinweggegangen wurde, während das mir gleichsam lebensgroß erscheinende Photo, auf dem mein Bruder Arnold zu sehen war, Anlaß zu unerschöpflicher Betrachtung bot. Das hatte zur Folge, daß ich zumeist mit verkniffenem Gesicht und mißlaunig neben der Mutter auf dem Sofa saß und den fröhlichen und gutgelaunten Arnold betrachtete, während die Mutter zusehends ergriffener wurde. In den ersten Jahren meiner Kindheit hatte ich mich mit den Tränen der Mutter zufriedengegeben und mir keine weiteren Gedanken darüber gemacht, warum die Mutter beim Betrachten des fröhlichen Arnold so häufig zu weinen begann. Und auch die Tatsache, daß Arnold wohl mein Bruder war, ich ihn aber noch niemals leibhaftig zu Gesicht bekommen hatte, hatte mich die ersten Jahre nur beiläufig beunruhigt, zumal es mir nicht unlieb war, mein Kinderzimmer nicht mit ihm teilen zu müssen. Irgendwann aber klärte mich die Mutter insoweit über Arnolds Schicksal auf, als sie mir offenbarte, daß Arnold auf der Flucht vor dem Russen verhungert sei. „Verhungert“, sagte die Mutter, „in meinen Armen verhungert.“ Denn auch sie selbst sei mehr oder weniger gänzlich ausgehungert gewesen während des langen Trecks vom Osten in den Westen, und sie habe keine Milch und auch sonst nichts gehabt, um das Kind zu ernähren. Auf meine Frage, ob denn niemand außer ihr Milch für das Kind gehabt habe, sagte die Mutter nichts, und auch alle meine anderen Fragen nach den näheren Umständen der Flucht und dem Verhungern meines Bruders Arnold beantwortete sie nicht. Arnold war also tot, was wohl sehr traurig war, mir aber den Umgang mit seinem Photo erleichterte. Der fröhliche und wohlgeratene Arnold war mir nun sogar sympathisch geworden, und ich war stolz darauf, einen toten Bruder zu besitzen, der zudem noch so fröhlich und wohlgeraten ausschaute. Ich trauerte um Arnold, und ich war stolz auf ihn, ich teilte mit ihm mein Kinderzimmer und wünschte ihm alle Milch dieser Welt. Ich hatte einen toten Bruder, ich fühlte mich vom Schicksal ausgezeichnet. Von meinen

Spielkameraden hatte kein einziger einen toten und schon gar nicht einen auf der Flucht vor dem Russen verhungerten Bruder.

Arnold war mein Freund geworden, und er wäre auch mein Freund geblieben, hätte mich die Mutter nicht eines Tages um das gebeten, was sie eine „Aussprache“ nannte. Eine Aussprache war etwas, worum mich die Mutter noch nie gebeten hatte, und auch der Vater hatte mich noch nie um eine Aussprache gebeten. Überhaupt bin ich während meiner gesamten Kindheit und ersten Jugendjahre niemals um eine Aussprache oder um etwas gebeten worden, was einer Aussprache auch nur annähernd gleichgekommen wäre. Dem Vater reichten kurze Befehle und Arbeitsanweisungen, um sich mit mir zu verständigen, und die Mutter redete wohl gelegentlich mit mir, doch meist lief das Gespräch auf den Bruder Arnold und damit auf Tränen oder Schweigen hinaus. Die Aussprache wurde von der Mutter mit den Worten eröffnet, daß ich nun alt genug sei, um die Wahrheit zu erfahren. „Was für eine Wahrheit“, fragte ich die Mutter, denn ich befürchtete, daß es hierbei vielleicht um mich gehen könnte. „Es geht“, sagte die Mutter, „um deinen Bruder Arnold.“ In gewisser Weise war ich erleichtert, daß es wieder einmal um Arnold ging, andererseits aber ärgerte es mich auch. „Was ist mit Arnold“, sagte ich, und die Mutter schien schon wieder den Tränen nahe, worauf ich die spontane, aber nicht sehr überlegte Frage stellte, ob Arnold etwas zugestoßen sei, was die Mutter mit einem irritierten Blick quittierte. „Arnold“, sagte die Mutter ohne ein weiteres einleitendes Wort, „Arnold ist nicht tot. Er ist auch nicht verhungert.“ Ich war nun ebenfalls irritiert und auch ein wenig enttäuscht. Doch statt zu schweigen, fragte ich die Mutter, wiederum ohne lange nachzudenken, woran Arnold denn dann gestorben sei. „Er ist gar nicht gestorben“, sagte die Mutter noch einmal und ohne jegliche Regung, „er ist verlorengegangen.“ Darauf erzählte sie mir die Geschichte vom verlorengegangenen Arnold, die ich zum Teil verstanden und zum Teil auch nicht verstanden habe. Die Geschichte deckte sich einerseits mit der vom gestorbenen und verhungerten Arnold, und andererseits war es eine gänzlich neue Geschichte. Arnold hatte tatsächlich auf dem Treck vom Osten in den Westen Hunger gelitten, und die Mutter hatte tatsächlich weder Milch noch eine andere Nahrung für das Kind gehabt. Doch war Arnold nicht verhungert, sondern abhanden gekommen, und es fiel der Mutter schwer, den Grund für Arnolds Verschwinden auch nur annähernd begreiflich zu machen. Irgendwann, soviel verstand ich, ist auf der Flucht vor dem Russen etwas Schreckliches passiert. Was es war, sagte die Mutter nicht, sie sagte nur immer wieder, daß auf der Flucht vor dem Russen etwas Schreckliches passiert sei und daß ihr auch der Vater nicht habe helfen können und daß ihr niemand habe helfen können. Wohl seien in dem Treck Tausende von Menschen gen Westen gezogen, und lange Zeit habe es auch so ausgesehen, als würden sie den Treck einigermaßen unbeschadet überstehen und den Abstand zwischen sich und dem Russen Tag für Tag ein wenig vergrößern. Doch eines Morgens, sie hatten gerade ein kleines, westlich von Königsberg gelegenes Bauerndorf hinter sich gelassen, stand plötzlich der Russe vor ihnen. Der Russe war völlig überraschend aus dem Morgennebel aufgetaucht. Die ganze Nacht hätten sie weder etwas gehört noch gesehen, keinen Motorenlärm, keine Stiefelschritte, keine „Dawai! Dawai!“-Rufe. Doch plötzlich war der Russe da. Wo eben noch ein leeres Feld war, standen dreißig, vierzig bewaffnete Russen, und ausgerechnet an der Stelle, an der die Mutter mit dem Vater und dem kleinen Arnold unterwegs war, unterbrachen sie den Flüchtlingstreck und suchten sich ihre Opfer heraus. Da sie sofort gewußt hatte, daß nun etwas Schreckliches passieren würde, und da einer der Russen dem Vater bereits ein Gewehr vor die Brust gedrückt hatte, gelang es der Mutter gerade noch, einer neben ihr hergehenden Frau, die zum Glück von keinem der Russen aufgehalten wurde, das Kind in die Arme zu legen. Doch geschah dies so schnell und in Panik, daß sie keine Gelegenheit hatte, mit der Frau auch nur ein einziges Wort zu wechseln, nicht mal den Namen des kleinen Arnold konnte sie der Frau zurufen, die auch sofort in der Menge der Flüchtenden verschwand. Das Schreckliche, sagte die Mutter, sei dann insofern doch nicht passiert, als die Russen weder sie noch den Vater erschossen hätten. Denn das sei das erste gewesen, was sie befürchtet hatten, und darum habe sie auch den kleinen Arnold der fremden Frau in die Arme gedrückt. Andererseits aber, so die Mutter, sei das Schreckliche dann doch passiert. […] Wohl sei ihr etwas Schreckliches zugefügt worden von den Russen, aber die Russen hätten es gar nicht auf ihr Leben oder das ihrer Familie abgesehen gehabt. Die Russen hätten es immer nur auf eines abgesehen gehabt. Aber sie habe voreilig Angst um ihr eigenes Leben und das Leben ihres Kindes gehabt, und in Wahrheit habe sie auch voreilig das Kind weggegeben. […] „Arnold lebt", sagte die Mutter, „aber er trägt einen anderen Namen." „Vielleicht", sagte ich darauf, „hat er ja Glück gehabt, und sie haben ihn wieder Arnold genannt", worauf mich die Mutter so verständnislos und traurig ansah, daß mir das Blut in den Kopf schoß und ich mich schämte. Dabei hatte ich die Bemerkung nur gemacht, weil ich wütend auf Arnold war. Denn erst jetzt begann ich zu begreifen, daß Arnold, der untote Bruder, die Hauptrolle in der Familie spielte und mir eine Nebenrolle zugewiesen hatte. Ich begriff auch, daß Arnold verantwortlich dafür war, daß ich von Anfang an in einer von Schuld und Scham vergifteten Atmosphäre aufgewachsen war. Vom Tag meiner Geburt an herrschte ein Gefühl von Schuld und Scham in der Familie, ohne daß ich wußte, warum. Ich wußte nur, daß ich bei allem, was ich tat, eine gewisse Schuld und eine gewisse Scham verspürte.

Treichel, Hans-Ulrich: Der Verlorene. Suhrkamp Verlag, Frankfurt am Main 1999, S. 7–17 (für Prüfungszwecke überarbeitet).

Lösungsvorschlag

a

TIPP **Zusammenfassung des Inhalts**

Bei der Textzusammenfassung kommt es darauf an, die zahlreichen Eindrücke und fortschreitenden Gedankengänge des kindlichen Erzählers auf das Wesentliche zu reduzieren. Bei der Wiedergabe des Inhalts sollte daneben der fortschreitende Erkenntnisprozess des Erzählers in Bezug auf seine Familiengeschichte deutlich werden. Die klare **Zweiteilung des Textes**, die sich aus der Wahrnehmung des Erzählers im ersten Teil und der Unterredung mit seiner Mutter im zweiten Teil des Ausschnitts ergibt, erleichtert den Zugang zum Text. Beachten Sie die **gängigen Regeln bei der Inhaltsangabe** (Präsens, bei Vorzeitigkeit Perfekt, Wiedergabe von Aussagen in indirekter Rede, Verwendung passender Konjunktionen) und stellen Sie der Zusammenfassung einen **Basissatz** voran.

Basissatz
Autor, Titel, Textsorte, Jahr der Veröffentlichung, Kerninhalt

Der vorliegende Text ist ein Ausschnitt aus der im Jahre 1998 verfassten Erzählung „Der Verlorene" von Hans-Ulrich Treichel. In dem Text wird der Ich-Erzähler durch einen Bericht seiner Mutter mit einem lange gehüteten Familiengeheimnis konfrontiert, nämlich dem Verlust seines älteren Bruders auf der Flucht aus den deutschen Ostgebieten im letzten Kriegsjahr.

Inhaltsangabe
Eindrücke und Empfinden des Ich-Erzählers beim Ansehen eines Fotoalbums

Zu Beginn des Textes wird beschrieben, wie der Ich-Erzähler und seine Mutter im Fotoalbum ein Babyfoto Arnolds, des älteren und vermeintlich toten Bruders des Erzählers, betrachten. Während die Mutter mit großer Trauer auf das Foto reagiert, blickt der Erzähler neidvoll darauf. Die Fotografie zeigt das Kind in voller Größe, während der Erzähler selbst auf den wenigen Bildern, auf denen er zu sehen ist, nur ausschnitthaft und unbedeutend erscheint. Beim Anblick des verlorenen Kindes reagiert die Mutter stets emotional und die erhöhte Aufmerksamkeit, die seinem älteren Bruder bei der Betrachtung des Familienalbums zuteilwird, missfällt dem Erzähler. Die Abwesenheit Arnolds erklärt die Mutter damit, dass ihr ältester Sohn auf der Flucht vor den Russen verhungert sei. Der Erzähler gibt sich mit dieser Auskunft zufrieden und ist ein Stück weit stolz darauf, dass sein Bruder aufgrund seines frühen Todes etwas Besonderes ist. Daher nimmt er die übermäßige Aufmerksamkeit, die Arnold von der Mutter geschenkt bekommt, hin.

Bericht der Mutter über Geschehnisse auf der Flucht

Dies ändert sich, als der Ich-Erzähler nach Meinung der Mutter das richtige Alter erreicht hat, um die Wahrheit über das Schicksal seines Bruders zu erfahren. Tatsächlich seien Vater, Mutter und Kind bei ihrer Flucht von Russen überrascht worden. In Panik, man könne sie alle erschießen, offenbart die Mutter, habe sie den kleinen Arnold einer sich ebenfalls im Flüchtlingstreck befindenden Frau in die Arme gelegt. Sie habe den Überfall der Russen, obwohl ihr ein Leid zugefügt worden sei, überstanden, wisse aber nicht, wo sich die fremde Frau und Arnold heute befinden. Nach der Offenbarung, Arnold sei doch nicht gestorben, sondern im Chaos der Flucht verlorengegangen, fügt sich das Bild für den Erzähler. Er erkennt, dass weniger die Konkurrenz mit seinem Bruder belastend für ihn war, sondern das von Schuldgefühlen durchdrungene Familienleben.

b **TIPP** **Analyse der Beziehung des Erzählers zu seiner Familie**

Da der Vater des Protagonisten im Textauszug lediglich eine untergeordnete Rolle spielt, können Sie sich bei der Untersuchung der Beziehung des Erzählers zu seiner Familie auf dessen **Verhältnis zu seinem Bruder bzw. seiner Mutter** konzentrieren. Gehen Sie dabei auch auf Entwicklungen ein, die sich im Laufe von Beziehungen ergeben. **Beobachtungen zu erzähltechnischen und sprachlichen Mitteln** können **fortlaufend in die Beziehungsanalyse integriert** werden. Ziehen Sie hierzu passende **Textbelege** heran.

Analyse der Beziehungen

distanziertes Verhältnis zum Vater

Die gesamte Erzählung wird aus der Sicht eines jungen und teils kindlich-naiven **Ich-Erzählers** geschildert. Insgesamt dominiert daher eine **personale Perspektive**, die lediglich durch den Bericht der Mutter über die Geschehnisse auf der Flucht unterbrochen wird. Zentral sind in dieser Erzählung die Beziehungen zwischen dem Ich-Erzähler und dessen älterem Bruder Arnold sowie die Beziehung der Mutter zu ihren Kindern. Der **Vater** wird vom Ich-Erzähler hingegen lediglich ein einziges Mal erwähnt, wenn er beschreibt, dass „[d]em Vater […] kurze Befehle und Arbeitsanweisungen [ausreichen], um sich mit [ihm] zu verständigen" (Z. 78 f.). Diese Aussage zum Gesprächsverhalten legt nahe, dass die Beziehung zwischen Vater und Sohn eher distanziert ist. Der Befund trifft insgesamt auf die Eltern-Kind-Beziehung zu. Das zeigt sich auch daran, wie der Ich-Erzähler von seinen Eltern spricht. Wenn von Vater und Mutter die Rede ist, wird stets der bestimmte Artikel angeführt („der Vater", „die Mutter"), wodurch eine beinahe sachliche Distanz zwischen Kind und Eltern zum Ausdruck kommt (vgl. z. B. Z. 2, 5).

Sehnsucht des Erzählers nach mütterlicher Zuwendung

Bei der gemeinsamen, nahezu rituellen Betrachtung des Fotoalbums kommt die **Beziehung des Erzählers zu seiner Mutter** auf besondere Weise zum Ausdruck. Die Fotos, auf denen der Ich-Erzähler zu sehen ist, sind von nur geringer Größe und zeigen ihn nur partiell (vgl. Z. 19 ff.). Sie werden von der Mutter schnell überblättert, und damit kaum gewürdigt. Sie überfliegt Abbildungen des Ich-Erzählers, nur um beim Bildnis Arnolds zu verweilen (vgl. Z. 42 ff.).

Streben nach Aufmerksamkeit durch Provokation

Der Erzähler empfindet dieses Verhalten als Herabsetzung seiner Person gegenüber dem Bruder, den er „um seinen Platz im Fotoalbum [beneidet]" (Z. 11) Als pars pro toto steht das Fotoalbum für das Familienleben, in dem der Ich-Erzähler nach eigenem Empfinden nicht die Rolle spielt, die er sich wünscht. Er **sehnt sich nach Anerkennung**, weshalb **seine Provokationen gegenüber der Mutter** als Mittel zu verstehen sind, um deren Aufmerksamkeit zu erhalten. So verkehrt er die Aussagen der Mutter zum Schicksal des Bruders in ihr Gegenteil. Obwohl er annehmen muss, dass Arnold tot ist, stellt er zu Beginn des vertraulichen Gesprächs mit seiner Mutter die Frage, ob Arnold etwas passiert sei (vgl. Z. 86 ff.). Als ihm diese offenbart, sein älterer Bruder sei noch am Leben, möchte er wissen, „woran Arnold denn dann gestorben sei" (Z. 92). Auch die Verharmlosung des brutalen Schicksals des Bruders kann als bewusste Provokation der Mutter gedeutet werden. So stellt er nach der Schilderung der dramatischen Ereignisse auf der Flucht die hämische Vermutung an, sein Bruder habe vielleicht zufälligerweise von der fremden Frau wieder den gleichen Namen erhalten (vgl. Z. 133 ff.).

gestörte Kommunikation in der Familie

Das schwierige Mutter-Sohn-Verhältnis spiegelt sich auch in einer **gestörten Kommunikation** wider. So herrscht zwischen beiden eine **Sprachlosigkeit**, sobald es um den abwesenden Sohn bzw. Bruder geht. Beispielsweise reagiert die Mutter des Erzählers auf Nachfragen bezüglich Arnold nicht (vgl. Z. 60 ff.). Die mangelnde Bereitschaft, sich ihrem Zweitgeborenen zu öffnen, wird an dieser Stelle an der **wiederholten Negation** deutlich. So weiß sie auf die kritischen Nachfragen ihres Sohnes „nichts" (Z. 62) zu sagen und geht „nicht" (Z. 63) darauf ein. Dass diese Passage (Z. 55–63) überwiegend in Form der **indirekten Rede** wiedergegeben wird, unterstreicht das distanzierte Verhältnis zwischen Mutter und Sohn. Gerade bei der gemeinsamen Betrachtung des Fotoalbums, bei der sich die Thematisierung von Arnolds Schicksal anbieten würde, fällt die Sprachlosigkeit zwischen den Figuren auf. Der Erzähler stellt nüchtern fest: „Dann sagte sie nichts mehr, und auch ich sagte nichts mehr […]." (Z. 6 f.) Der Parallelismus dieser Aussage macht deutlich, dass diesbezüglich auf beiden Seiten Sprachlosigkeit herrscht.

Eifersucht auf den Bruder

Die Beziehung zwischen dem Ich-Erzähler und **Arnold** durchlebt verschiedene Phasen, wird aber zumeist von **Gegensätzen** dominiert. Zu Beginn des Textes äußert der Ich-Erzähler: „Ich beneidete den Bruder um seine Freude, ich beneidete den Bruder um die weiße Wolldecke, und ich beneidete ihn auch um seinen Platz im Photoalbum." (Z. 10 f.) In dieser Passage wird durch einen **Parallelismus** und die **Wiederholung** des Wortes „beneiden" die Einstellung des Ich-Erzählers in jungen Jahren gegenüber dem Bruder eindringlich dargestellt. Dabei bezieht sich der **Neid** nicht auf materielle Dinge, sondern resultiert aus der vermeintlich größeren Wertschätzung des älteren Bruders vonseiten der Eltern. Ein Gefühl von Eifersucht macht sich bei dem Erzähler breit, als ihm Unterschiede bezüglich der Position der Bilder bzw. ihrer unterschiedlichen Größe auffallen. Diese stellt er **antithetisch** gegenüber: Arnold sei „ganz vorn im Photoalbum" (Z. 12) und „auf einem ziemlich großen Photo abgebildet" (Z. 14), wohingegen es von ihm selbst „zumeist [nur] kleine, wenn nicht winzige Photos" (Z. 15) gibt.

Gefühl von Herabsetzung durch den Bruder

Trotz der Abwesenheit des Bruders entwickelt dieser eine schier erdrückende Präsenz für den Erzähler. Er deutet das Foto Arnolds so, als drücke es eine überbordende Freude des Säuglings aus. Sprachlich kommt das in der häufigen Wiederholung von „freute" (Z. 8 f.) bzw. „Freude" (Z. 10) zum Ausdruck. Der Vergleich, Arnold komme ihm „wie ein bedeutender Mensch" (Z. 29) vor, legt indirekt nahe, dass sich der Erzähler selbst für unbedeutend hält. Wie sehr ihn das belastet, verdeutlicht die Länge des **Erzählberichts**, in dem die Gedanken und Gefühle des Erzählers ausführlich und **zeitdehnend** zur Sprache kommen.

Fremdheit gegenüber dem Bruder

Ungeachtet dieser Präsenz bleibt Arnold dem Ich-Erzähler fremd. Das liegt zum einen an den negativen Gefühlen, die durch das Verhalten der Mutter verursacht werden. Diese ergeht sich in „unerschöpflicher Betrachtung" (Z. 46) des Fotoalbums, sodass der Ich-Erzähler regelmäßig „mit verkniffenem Gesicht und mißlaunig" (Z. 47) zurückbleibt. Ohne Zweifel bewirkt auch die Abwesenheit Arnolds eine gewisse Distanz zwischen den Brüdern, was sich in folgender Äußerung des Ich-Erzählers manifestiert: „Arnold war also tot, was wohl sehr traurig war […]." (Z. 63 f.). Der Erzähler weiß, man müsse „wohl" angesichts des Todes des Bruders traurig sein, dieses Gefühl teilt er aber offensichtlich nicht.

Annäherung an den Bruder

Durch die Geschichte vom vermeintlichen Tod Arnolds wandelt sich jedoch die Haltung des Erzählers gegenüber dem Bruder, da ihn dessen Schicksal zu etwas Besonderem unter den Freunden macht und ihn im Zuge dessen sogar ein Stück weit mit Stolz erfüllt (vgl. Z. 65 ff.). „Arnold [ist sogar ein] Freund geworden, und wäre auch [ein] Freund geblieben" (Z. 72), doch als die Mutter die wahren Umstände von Arnolds Abwesenheit offenlegt, ändert sich dies. Der Ich-Erzähler erkennt, wie sehr sich die Entscheidung der Mutter, seinen Bruder Arnold auf der Flucht einer fremden Frau in den Arm zu drücken, auf seine Stellung in der Familie auswirkt. Seine Gedanken legt der Erzähler in einem **inneren Monolog** (vgl. Z. 135–142) offen und fasst **metaphorisch** und in **antithetischer** Weise zusammen, dass er eben nur eine „Nebenrolle" (Z. 138) innehat, während Arnold trotz seiner Abwesenheit immer die „Hauptrolle" (Z. 137) in der Familie spielt. So trage Arnold die Schuld daran, dass der Erzähler „von Anfang an in einer von Schuld und Scham vergifteten Atmosphäre aufgewachsen" (Z. 139 f.) sei. Durch mehrfache Wiederholung der Alliteration „Schuld und Scham" (Z. 139, 140, 142) wird die Emotionalität des Ich-Erzählers deutlich, der seine ganze Wut (vgl. Z. 135 f.) gegen den Bruder richtet.

So bleibt festzuhalten, dass die gesamte Familie auch Jahre nach dem tragischen Ereignis noch stark unter dem Verlust Arnolds leidet. Die Distanz zwischen den Figuren ist sprachlich und erzählerisch allgegenwärtig und zwingt dem Ich-Erzähler ein Selbstverständnis seiner Person auf, welches von Minderwertigkeit geprägt ist.

Fazit: Trauma als Ursache für die Störung familiärer Beziehungen

c

TIPP **Erfahrungen der Mutter und Beurteilung ihres Verhaltens**

Erfahrungen, die die Mutter des Erzählers mit Flucht und Vertreibung macht, werden insbesondere im zweiten Teil des Erzählausschnitts thematisiert. Beachten Sie hierbei, dass der Bericht der Mutter aus Sicht des kindlichen Ich-Erzählers wiedergegeben wird, und Sie Zusammenhänge, die lediglich angedeutet werden, gedanklich ergänzen müssen. Bei der Beurteilung des Verhaltens der Mutter können zwei Aspekte kritisch geprüft werden: zum einen das lange Schweigen der Mutter über die Geschehnisse auf der Flucht, zum anderen die Tatsache, dass sie ihr erstgeborenes Kind in fremde Hände gegeben hat.

Die Mutter des Ich-Erzählers hat zusammen mit ihrem Mann und dem Sohn Arnold die Wirren von Flucht und Vertreibung am Ende des Zweiten Weltkriegs miterleben müssen. Bei ihrer Flucht aus dem Osten ist sie direkt mit russischen Streitkräften konfrontiert worden. Die Begegnung mit „dem Russen", wie die russischen Streitkräfte in der Erzählung genannt werden, hat zum einen zum **Verlust Arnolds** geführt. Die Weggabe des eigenen Kindes unter dramatischen Umständen ist ohne Zweifel eine Erfahrung, die die Mutter ein Leben lang nicht loslässt. Zum anderen hat der Überfall der Russen „etwas Schreckliches" (Z. 102, 104) mit sich gebracht. Vor dem geschichtlichen Hintergrund kann man davon ausgehen, dass hier auf eine **Vergewaltigung** der Mutter angespielt wird, da ihr bei der **traumatischen Erfahrung** „auch der Vater nicht habe helfen können" (Z. 104). Die Mutter hat vor dem unausgesprochenen, schrecklichen Ereignis **Angst**, ja sogar „**Panik**" (Z. 120) ver-

Erfahrungen der Mutter

Verlust des Kindes, sexuelle Gewalt, existenzielle Ängste, Heimatverlust

spürt, da sie nicht nur um das eigene Leben, sondern auch um das ihrer Familie gefürchtet hat (vgl. Z. 123 ff.). Flucht und Vertreibung brachten jedoch nicht nur Todesangst und die Erfahrung von **Ausweglosigkeit und Hilflosigkeit** mit sich. Abgesehen von der konkreten Begegnung mit dem Feind hat die Mutter ihr Zuhause und damit das glückliche Leben verloren, das sie sich in Ostpreußen mit ihrer Familie erhoffte. Der **Verlust der Heimat** setzt ihr auch Jahre später noch zu (vgl. Z. 1 ff.). Während des Trecks hat sie zudem Hunger gelitten, was per se eine existenzielle Bedrohung darstellt (vgl. Z. 97 ff.).

Urteil über das Verhalten der Mutter

Dass die Mutter das eigene Kind weggegeben hat, ist angesichts der dramatischen Umstände sicherlich verständlich. Andererseits kann ihr Verhalten auch kritisch betrachtet werden, vor allem im Hinblick auf die nachhaltigen Auswirkungen ihrer Entscheidung auf die gesamte Familie.

Handeln in guter Absicht

Die Entscheidung der Mutter erscheint unter gewissen Gesichtspunkten **nachvollziehbar**. Offensichtlich handelte es sich bei der Übergabe des Sohnes an eine fremde Frau um eine **Kurzschlusshandlung**. Angesichts der schnellen Aufeinanderfolge der Ereignisse und der geringen Handlungsspielräume sah sich die Mutter des Erzählers zum schnellen Handeln gezwungen. So ist es auch zu erklären, dass sie der fremden Frau noch nicht einmal den Namen des Jungen hat mitteilen können (vgl. Z. 120 ff.). Sie hat sich in einer konkreten Gefahrensituation befunden, da sie nicht mit absoluter Gewissheit die Vorgehensweise der russischen Streitkräfte einschätzen konnte. „Dem Vater [ist] bereits ein Gewehr vor die Brust gedrückt" (Z. 117 f.) worden. Die Mutter hat also davon ausgehen müssen, dass die Russen durchaus bereit sind, abzudrücken. Durch ihr schnelles Handeln wollte sie das Überleben aller Familienmitglieder sichern. Dies stellt einen verständlichen Grund für ihre Handlungsweise dar.

Vernachlässigung des zweiten Kindes

Es gibt jedoch Verhaltensweisen der Mutter, die **kritisch zu beurteilen** sind. Insbesondere ihr Umgang mit der Situation ist zu kritisieren. Dass sie im Moment der Übergabe an die fremde Frau nur das Beste für Arnold im Sinn hatte, steht grundsätzlich außer Frage. Sich aber aufgrund von Schuldgefühlen **ihrem zweiten Sohn zu entziehen**, ist negativ zu bewerten. Die Bedürfnisse des Erzählers, der sich nach der Zuwendung seiner Mutter sehnt, werden von dieser nicht wahrgenommen, weil ihre alleinige Aufmerksamkeit Arnold gilt. Besonders bei der Betrachtung des Familienalbums zeigt sich die Vernachlässigung des Zweitgeborenen. So werden Abbildungen, auf denen der Erzähler zu sehen ist, schnell überblättert, während das Porträt Arnolds als Säugling „Anlaß zu unerschöpflicher Betrachtung bot" (Z. 46). Dass das zweitgeborene Kind ebenso der Liebe und Zuneigung bedarf, ignoriert die Mutter. Stattdessen reagiert sie teilweise noch nicht einmal dann auf das Kind, wenn es durch Provokationen diese Aufmerksamkeit einfordert. In solchen Momenten blickt sie ihren Sohn lediglich „verständnislos und traurig" (Z. 134) an.

Daneben sind auch negativen **Auswirkungen ihres Verhaltens auf die gesamte Familie** zu bedenken. Letztlich hat das jahrelange Schweigen über die wahren Hintergründe von Arnolds Verschwinden verheerende Folgen für die gesamte Familie. Die stillschweigende Vereinbarung zwischen Vater und Mutter, über die dramatischen Ereignisse auf ihrer Flucht lange Zeit nicht zu sprechen, kann als **Familiengeheimnis** betrachtet werden. Der Ich-Erzähler legt durch die Beschreibung seiner Gedanken und Gefühle jedoch offen, dass er sehr wohl in der Lage war, die negativen Auswirkungen der traumatischen Erfahrung der Eltern wahrzunehmen. Allerdings bezieht er die vorherrschenden **Schuldgefühle** auf die eigene Person. Als Kind war es für ihn so, dass er „bei allem, was [er] tat, eine gewissen Schuld und eine gewisse Scham verspürte" (Z. 142.). Außer Frage steht, dass das Aufwachsen in einer „vergifteten Atmosphäre" (Z. 139 f.) die Entwicklung des Ich-Erzählers negativ beeinflusst hat.

zu langes Verschweigen der Wahrheit

Zusammenfassend ist festzuhalten, dass die Mutter eine weitreichende Entscheidung gefällt hat, die das Zusammenleben der Familie nachhaltig geprägt hat. Ohne Zweifel müssen die Umstände, unter denen die Mutter ihr eigenes Kind in fremde Hände gegeben hat, bei der Bewertung ihres Verhaltens betrachtet werden. In Todesangst hat sie sich dazu entschlossen, ihren Sohn lieber einer fremden Frau zu überlassen, als dessen Tod zu riskieren. In diesem Punkt scheint ihr Verhalten nachvollziehbar, auch wenn der Fortgang der Ereignisse zeigt, dass ihr Handeln nicht alternativlos gewesen wäre. Insbesondere ihr **Umgang mit den traumatischen Erfahrungen auf der Flucht** muss jedoch **kritisch betrachtet** werden, da ihre Fokussierung auf den Verlust und ihre Sprachlosigkeit zu einer Vernachlässigung des zweiten Kindes und zu einer Beeinträchtigung des gesamten Familienlebens geführt haben. Insofern hat sie nicht nur ihr erstes Kind verloren, durch ihr Verhalten betrachtet sich auch der Erzähler, ihr zweites Kind, als ein „Verlorene[r]", wie der Titel der Erzählung nahelegt. Vor diesem Hintergrund ist das Verhalten der Mutter überwiegend kritisch zu werten.

Fazit

Kritik am Verhalten nach der Flucht

DRAMATIK

Aufgabenstellung

a Fassen Sie den Inhalt des vorliegenden Dramenauszugs zusammen.

b Charakterisieren Sie Robespierre unter Einbezug der verwendeten sprachlichen Mittel.

c Vergleichen Sie die Gesprächsstrategien Dantons und St. Justs hinsichtlich der Beeinflussung Robespierres.

Text Georg Büchner (1813–1837): Dantons Tod (1835)

Die Handlung spielt 1794 während der Französischen Revolution. Nach erfolgreichem Kampf gegen die absolutistische Herrschaft radikalisiert sich die Revolution in einer zweiten Phase und mündet in der Schreckensherrschaft der Jakobiner.
Die Revolutionäre stehen sich inzwischen in verschiedenen verfeindeten Gruppierungen gegenüber und verlieren dadurch ihre ursprünglichen Ideale von „Freiheit, Gleichheit und Brüderlichkeit" zunehmend aus den Augen. Interne Machtkämpfe haben bereits zu zahlreichen Hinrichtungen von sogenannten „Feinden der Revolution" geführt. Der mit diktatorischen Vollmachten ausgestattete „Wohlfahrtsausschuss" unter der Führung von Maximilien de Robespierre verschont dabei auch seine eigenen Anhänger nicht.
In der vorliegenden Szene tritt Georges Danton auf, der die Revolution zunächst maßgeblich vorangetrieben hat, mittlerweile aber einen ausschweifenden Lebensstil dem politischen Tagesgeschäft vorzieht. Seine Getreuen drängen ihn – auf dem Höhepunkt der blutigen Terrorherrschaft –, mit Robespierre zu sprechen. Die Warnungen seiner Kameraden, auch selber schon ins Visier des Wohlfahrtsausschusses, dem auch Louis Antoine de St. Just angehört, geraten zu sein, nimmt Danton nicht sonderlich ernst, sondern sucht in Begleitung seines Freundes Fabricius Paris das Gespräch mit Robespierre.

Erster Akt – Sechste Szene
Ein Zimmer
Robespierre. Danton. Paris.

ROBESPIERRE. Ich sage dir, wer mir in den Arm fällt, wenn ich das Schwert ziehe, ist mein Feind, seine Absicht tut nichts zur Sache, wer mich verhindert, mich zu verteidigen, tötet mich so gut, als wenn er mich angriffe.

Danton. Wo die Notwehr aufhört, fängt der Mord an, ich sehe keinen Grund, der uns länger zum Töten zwänge.

Robespierre. Die soziale Revolution ist noch nicht fertig, wer eine Revolution zur Hälfte vollendet, gräbt sich selbst sein Grab. Die gute Gesellschaft ist noch nicht tot, die gesunde Volkskraft muss sich an die Stelle dieser nach allen Richtungen abgekitzelten Klasse setzen. Das Laster muss bestraft werden, die Tugend muss durch den Schrecken herrschen.

Danton. Ich verstehe das Wort Strafe nicht.
Mit deiner Tugend Robespierre! du hast kein Geld genommen, du hast keine Schulden gemacht, du hast bei keinem Weibe geschlafen, du hast immer einen anständigen Rock getragen und dich nie betrunken. Robespierre, du bist empörend rechtschaffen. Ich würde mich schämen, dreißig Jahre lang mit der nämlichen Moralphysiognomie zwischen Himmel und Erde herumzulaufen, bloß um des elenden Vergnügens willen, andre schlechter zu finden als mich.
Ist denn nichts in dir, was dir nicht manchmal ganz leise, heimlich sagte, du lügst, du lügst!

Robespierre. Mein Gewissen ist rein.

Danton. Das Gewissen ist ein Spiegel, vor dem ein Affe sich quält; jeder putzt sich, wie er kann, und geht auf seine eigne Art auf seinen Spaß dabei aus. Das ist der Mühe wert, sich darüber in den Haaren zu liegen. Jeder mag sich wehren, wenn ein andrer ihm den Spaß verdirbt. Hast du das Recht aus der Guillotine einen Waschzuber für die unreine Wäsche anderer Leute und aus ihren abgeschlagnen Köpfen Fleckkugeln für ihre schmutzigen Kleider zu machen, weil du immer einen sauber gebürsteten Rock trägst? Ja, du kannst dich wehren, wenn sie dir drauf spucken oder Löcher hineinreißen, aber was geht es dich an, solang sie dich in Ruhe lassen? Wenn sie sich nicht genieren so herumzugehn, hast du deswegen das Recht, sie ins Grabloch zu sperren? Bist du der Polizeisoldat des Himmels? Und kannst du es nicht ebenso gut mit ansehn, als dein lieber Herrgott, so halte dir dein Schnupftuch vor die Augen.

Robespierre. Du leugnest die Tugend?

Danton. Und das Laster. Es gibt nur Epikureer[1] und zwar grobe und feine, Christus war der feinste; das ist der einzige Unterschied, den ich zwischen den Menschen herausbringen kann. Jeder handelt seiner Natur gemäß, d. h. er tut, was ihm wohltut. Nicht wahr, Unbestechlicher, es ist grausam, dir die Absätze so von den Schuhen zu treten?

Robespierre. Danton, das Laster ist zu gewissen Zeiten Hochverrat.

Danton. Du darfst es nicht ächten, ums Himmelswillen nicht, das wäre undankbar, du bist ihm zu viel schuldig, durch den Kontrast nämlich.
Übrigens, um bei deinen Begriffen zu bleiben, unsere Streiche müssen der Republik nützlich sein, man darf die Unschuldigen nicht mit den Schuldigen treffen.

Robespierre. Wer sagt dir denn, dass ein Unschuldiger getroffen worden sei?

Danton. Hörst du, Fabricius? Es starb kein Unschuldiger! *(Er geht, im Hinausgehn zu Paris.)* Wir dürfen keinen Augenblick verlieren, wir müssen uns zeigen!
(Danton und Paris ab.)

ROBESPIERRE *(allein).* Geh nur! Er will die Rosse der Revolution am Bordell halten machen, wie ein Kutscher seine dressierten Gäule, sie werden Kraft genug haben, ihn zum Revolutionsplatz zu schleifen.

Mir die Absätze von den Schuhen treten!

Um bei deinen Begriffen zu bleiben!

Halt! Halt! Ist's das eigentlich? Sie werden sagen, seine gigantische Gestalt hätte zu viel Schatten auf mich geworfen, ich hätte ihn deswegen aus der Sonne gehen heißen. Und wenn sie Recht hätten? Ist's denn so notwendig? Ja, ja! die Republik! Er muss weg.

Es ist lächerlich, wie meine Gedanken einander beaufsichtigen. Er muss weg. Wer in einer Masse, die vorwärts drängt, stehen bleibt, leistet so gut Widerstand, als trät er ihr entgegen; er wird zertreten.

Wir werden das Schiff der Revolution nicht auf den seichten Berechnungen und den Schlammbänken dieser Leute stranden lassen, wir müssen die Hand abhauen, die es zu halten wagt und wenn er es mit den Zähnen packte!

Weg mit einer Gesellschaft, die der toten Aristokratie die Kleider ausgezogen und ihren Aussatz geerbt hat.

Keine Tugend! die Tugend ein Absatz meiner Schuhe! Bei meinen Begriffen!

Wie das immer wieder kommt.

Warum kann ich den Gedanken nicht loswerden? Er deutet mit blutigem Finger immer da, da hin! Ich mag so viel Lappen darum wickeln, als ich will, das Blut schlägt immer durch. – *(Nach einer Pause.)* Ich weiß nicht, was in mir das andere belügt. *(Er tritt ans Fenster.)* Die Nacht schnarcht über der Erde und wälzt sich im wüsten Traum. Gedanken, Wünsche kaum geahnt, wirr und gestaltlos, die scheu sich vor des Tages Licht verkrochen, empfangen jetzt Form und Gewand und stehlen sich in das stille Haus des Traums. Sie öffnen die Türen, sie sehen aus den Fenstern, sie werden halbwegs Fleisch, die Glieder strecken sich im Schlaf, die Lippen murmeln. – Und ist nicht unser Wachen ein hellerer Traum, sind wir nicht Nachtwandler, ist nicht unser Handeln, wie das im Traum, nur deutlicher, bestimmter, durchgeführter? Wer will uns darum schelten? In einer Stunde verrichtet der Geist mehr Taten des Gedankens, als der träge Organismus unsres Leibes in Jahren nachzutun vermag. Die Sünde ist im Gedanken. Ob der Gedanke Tat wird, ob ihn der Körper nachspielt, das ist Zufall.

(St. Just tritt ein.)

ROBESPIERRE. He, wer da im Finstern? He, Licht, Licht!

ST. JUST. Kennst du meine Stimme?

ROBESPIERRE. Ah, du, St. Just!

(Eine Dienerin bringt Licht.)

ST. JUST. Warst du allein?

ROBESPIERRE. Eben ging Danton weg.

ST. JUST. Ich traf ihn unterwegs im Palais-Royal. Er machte seine revolutionäre Stirn und sprach in Epigrammen; er duzte sich mit den Ohnehosen[2], die Grisetten[3] liefen hinter seinen Waden drein und die Leute blieben stehn und zischelten sich in die Ohren, was er gesagt hatte.

Wir werden den Vorteil des Angriffs verlieren. Willst du noch länger zaudern? Wir werden ohne dich handeln. Wir sind entschlossen.

Robespierre. Was wollt ihr tun?

St. Just. Wir berufen den Gesetzgebungs-, den Sicherheits- und den Wohlfahrtsausschuss zu feierlicher Sitzung.

Robespierre. Viel Umstände.

St. Just. Wir müssen die große Leiche mit Anstand begraben, wie Priester, nicht wie Mörder. Wir dürfen sie nicht zerstücken, all ihre Glieder müssen mit hinunter.

Robespierre. Sprich deutlicher.

St. Just. Wir müssen ihn in seiner vollen Waffenrüstung beisetzen und seine Pferde und Sklaven auf seinem Grabhügel schlachten. Lacroix –

Robespierre. Ein ausgemachter Spitzbube, gewesner Advokatenschreiber, gegenwärtig Generalleutnant von Frankreich. Weiter.

St. Just. Hérault-Séchelles[4].

Robespierre. Ein schöner Kopf.

St. Just. Er war der schön gemalte Anfangsbuchstabe der Konstitutionsakte[5], wir haben dergleichen Zierrat nicht mehr nötig, er wird ausgewischt. – Philippeau, Camille …

Robespierre. Auch den?

St. Just *(überreicht ihm ein Papier).* Das dacht ich. Da lies!

Robespierre. Aha, der alte Franziskaner, diese alte Zeitschrift, sonst nichts? Er ist ein Kind, er hat über euch gelacht …

St. Just. Lies, hier! hier! *(Er zeigt ihm eine Stelle.)*

Robespierre *(liest).* „Dieser Blutmessias Robespierre auf seinem Kalvarienberge[6] zwischen den beiden Schächern Couthon und Collot[7], auf dem er opfert und nicht geopfert wird. […]

St. Just. Ich will ihn den seinigen wie St. Denis[8] tragen machen.

Robespierre *(liest weiter).* „Sollte man glauben, dass der saubre Frack des Messias das Leichenhemd Frankreichs ist und dass seine dünnen auf der Tribüne herumzuckenden Finger Guillotinmesser sind? […] Robespierre ist eine Witwe, die schon ein halb Dutzend Männer hatte und sie begraben half. Wer kann was dafür? Das ist so seine Gabe, er sieht den Leuten ein halbes Jahr vor dem Tode das Sterben an. Wer mag sich auch zu Leichen setzen und den Gestank riechen?“

Also auch du, Camille?

Weg mit ihnen! Rasch! nur die Toten kommen nicht wieder. Hast du die Anklage bereit?

St. Just. Es macht sich leicht. Du hast die Andeutungen bei den Jakobinern gemacht.

Robespierre. Ich wollte sie schrecken.

St. Just. Ich brauche nur durchzuführen, die Fälscher geben das Ei und die Fremden den Apfel ab. Sie sterben an der Mahlzeit, ich gebe dir mein Wort.

Robespierre. Dann rasch, morgen. Keinen langen Todeskampf! Ich bin empfindlich seit einigen Tagen. Nur rasch!

(St. Just ab.)

Robespierre *(allein).* Jawohl, Blutmessias, der opfert und nicht geopfert wird. –

Er hat sie mit seinem Blut erlöst und ich erlöse sie mit ihrem eignen. Er hat sie sündigen gemacht und ich nehme die Sünde auf mich. Er hatte die Wollust des Schmerzes und ich habe die Qual des Henkers.
Wer hat sich mehr verleugnet, ich oder er? –
Und doch ist was von Narrheit in dem Gedanken. –
Was sehen wir nur immer nach dem Einen? Wahrlich des Menschen Sohn wird in uns allen gekreuzigt, wir ringen alle im Gethsemanegarten[9] im blutigen Schweiß, aber es erlöst keiner den andern mit seinen Wunden. – Mein Camille! – Sie gehen alle von mir – es ist alles wüst und leer – ich bin allein.

Büchner, Georg: Dantons Tod. Stuttgart 2002, S. 25–30
(für Prüfungszwecke überarbeitet)

Anmerkungen

1 Epikureer: Anhänger des antiken griechischen Philosophen Epikur, der im Sinnesgenuss das höchste Lebensziel sah
2 Ohnehosen: auch: Sansculotten (franz.: ohne Kniebundhosen): Bezeichnung für die Pariser Arbeiter und Kleinbürger, die sich durch ihre lange Beinkleidung vom Adel abgrenzen wollten
3 Grisette: junge unverheiratete Frau niederen Standes
4 Hérault-Séchelles: Präsident des Nationalkonvents
5 Konstitutionsakte: Verfassung vom 10. August 1793
6 Kalvarienberg: Hinrichtungsort von Jesus Christus in Jerusalem
7 Georges Couthon und Jean-Marie Collot d'Herbois: Anhänger Robespierres
8 St. Denis: erster Bischof von Paris, der der Legende nach seinen Kopf nach seiner Enthauptung auf den Händen trug
9 Gethsemanegarten: Garten, in dem Jesus zusammen mit seinen Jüngern in der Nacht vor seiner Kreuzigung betete

Lösungsvorschlag

a **TIPP** **Zusammenfassung des Inhalts**

Die metaphorische Figurenrede im vorliegenden Textauszug erschwert zunächst den Zugang zum Inhalt der Szene. Daher ist es besonders wichtig, den Text zu Beginn mehrmals zu lesen und sich bei Bedarf den **eigentlichen Sinn einer Aussage am Rand zu notieren**. Die klare Gliederung der Szene durch einen mehrfachen Wechsel aus Dialogen und Monologen können Sie sich bei der **Einteilung des Textes in Gesprächsabschnitte** zunutze machen. Der Zusammenfassung des Gesprächs ist ein Basissatz voranzustellen, in dem Grundinformationen zum Text gegeben werden. Beachten Sie hierzu auch die **umfangreichen Vorbemerkungen**, die bei der Einordnung der Zusammenhänge in den historischen Kontext helfen.

Die Handlung des Dramas „Dantons Tod", das von Georg Büchner verfasst und 1835 veröffentlicht wurde, basiert auf Ereignissen des Jahres 1794, als die Französische Revolution in die Schreckensherrschaft der Jakobiner mündete. Die sechste Szene des ersten Aktes zeigt den Revolutionsführer Robespierre im Gespräch mit Danton, der ihm rät, einen moderaten Weg einzuschlagen und auf das Töten Unschuldiger zu verzichten. Kurz nachdem Danton das Zimmer ohne Erfolg verlassen hat, tritt St. Just an Robespierre heran, um ihn von einem radikalen Vorgehen gegen politische Gegner, darunter auch Anhänger der Revolution, zu überzeugen.

Basissatz

Textsorte, Titel, Erscheinungsjahr, Autor, Kerninhalt

Zu Beginn des privaten Gesprächs, das eines Nachts in einem Pariser Zimmer zwischen dem radikalen Robespierre und dem gemäßigten Danton stattfindet, kommt es zwischen beiden Anhängern der Revolution zu einer Auseinandersetzung in der Frage, welche Mittel erlaubt sind, um die politische Ordnung umzuwälzen. Danton wirft Robespierre vor, sich aus einer Position der Selbstgerechtigkeit zum Herrn über Leben und Tod zu erheben. Robespierres Tugendhaftigkeit, so der Vorwurf, diene lediglich als Legimitation dafür, über andere zu richten. Zudem habe die Revolution auch Unschuldige getroffen. Als Robespierre dies verneint und er Danton indirekt des Hochverrats bezichtigt, erkennt Danton, dass sein politischer Mitstreiter jedes Maß und Ziel aus den Augen verloren hat, und beschließt, den Raum mit seinem ebenfalls anwesenden Freund Fabricius zu verlassen. Der allein zurückgebliebene Robespierre führt im Folgenden ein Selbstgespräch, in dessen Verlauf er mit der Frage ringt, ob er Danton ermorden lassen soll. Zwar betrachtet er Danton als Hindernis auf dem Weg zur Vollendung der Revolution, aber dessen Hinrichtung könne ihm so ausgelegt werden, als wolle

Inhaltsangabe

Streitgespräch zwischen Danton und Robespierre

Plan zur Ermordung Dantons im Gespräch mit St. Just

er lediglich einen Rivalen beseitigen. Die Gedanken Robespierres werden durch den Eintritt von St. Just, der wie Robespierre Mitglied des mit diktatorischen Mitteln ausgestatteten „Wohlfahrtsausschusses“ ist, unterbrochen. Dieser drängt ihn zum schnellen Handeln, da sich Danton in der Zwischenzeit des Rückhalts der Bürger versichere. St. Just fordert zudem, auch alle Anhänger Dantons töten zu lassen. Nach anfänglichem Zögern willigt Robespierre in das Vorhaben ein, da ihm St. Just eine Spottschrift zeigt, die von einem Weggefährten Dantons verfasst worden ist und in der er, Robespierre, als Verbrecher und Mörder bezeichnet wird. Diese Schmähung betrachtet er als Verrat. Als Robespierre wieder alleine ist, vergleicht er sich mit Christus, der als Heilsbringer ebenfalls durch Blut die Erlösung brachte. Sein Handeln betrachtet er als notwendiges Opfer, das ihn zur Einsamkeit und zum Abschiednehmen von Weggefährten zwingt.

b **TIPP** **Charakterisierung Robespierres**

Die zweite Teilaufgabe zielt auf eine **Charakterisierung der Hauptfigur** unter Berücksichtigung der **sprachlichen Mittel** ab. Dass der Fokus im Textauszug auf dem Innenleben der Figur liegt, ist bei der Charakterisierung zu berücksichtigen. Das bedeutet im vorliegenden Fall, dass Sie vor allem Merkmale, die die **Haltungen und Überzeugungen der Figur** erkennen lassen, benennen müssen. Führen Sie hierzu drei bis vier übergeordnete Aspekte an, unter die sich Ihre Textbeobachtungen subsumieren lassen. Lassen Sie nicht außer Acht, dass auch die **Entwicklung einer Figur**, sofern vorhanden, zur Figurencharakterisierung gehört. Sprachliche Mittel sollten nicht nur benannt, sondern auch erklärt und angemessen zitiert werden.

Basisinformationen
machtvolle Position als politischer Anführer

Maximilien de Robespierre steht im Zentrum der vorliegenden Szene, in der er als Einziger durchgängig anwesend ist. Der Text schweigt über Alter und Aussehen der Figur, was auch daran liegt, dass der **Fokus auf das Innenleben** des Revolutionsführers gelegt wird. Als Vorsteher des „Wohlfahrtsausschusses“ gehört Robespierre zur **politischen Elite** während der Schreckensherrschaft der Jakobiner. Seine herausgehobene Position zeigt sich auch daran, dass sowohl Danton als auch St. Just ihren Einfluss bei ihm geltend machen wollen, um ihre Interessen durchzusetzen.

psychische Disposition
idealistische Haltung

Die bedeutende Rolle, die Robespierre in der Französischen Revolution spielt, beruht dem Dramentext zufolge auf seiner **idealistischen Haltung**. Seinen politischen Vorstellungen und Visionen ordnet Robespierre alles andere unter. An erster Stelle steht für ihn, die Revolution nach seinen Idealen voranzutreiben. **„Das Laster**

muss bestraft werden, die Tugend muss durch den Schrecken herrschen" (Z. 9 f.), lautet seine moralische Doktrin. In der antithetischen Formulierung kommt bereits die starre Gegenüberstellung von Gut und Böse zum Ausdruck, die auch sein Denken in einem Freund-Feind-Schema widerspiegelt. Wer seinem Ideal einer umfassenden „**soziale[n] Revolution**" (Z. 6) im Wege steht, wird als Gegner betrachtet. Derjenige „gräbt sich selbst sein Grab" (Z. 7), mahnt Robespierre. Mit dieser Redewendung äußert er den Gedanken, dass man selbst zum Opfer der Revolution werde, wenn man sie nicht mit aller Vehemenz vorantreibe. Sein Idealismus äußert sich auch in der Wertschätzung der Geisteskraft. Als er nach dem Streitgespräch mit Danton über menschliches Handeln an sich nachdenkt, meint er: „In einer Stunde verrichtet der Geist mehr Taten des Gedankens, als der träge Organismus unsres Leibes in Jahren nachzutun vermag." (Z. 77 ff.) Die antithetische Gegenüberstellung von Geist und Leib erfolgt hier deutlich zugunsten des Geistes, der in erster Linie entscheidend für das menschliche Handeln sei. Ohne Zweifel betrachtet Robespierre seine **politischen Vorstellungen als Teil dieser geistigen Kraft**.

Tugendhaftigkeit und moralische Überheblichkeit

Als moralische Autorität beansprucht Robespierre, zur Durchsetzung seiner Ideale legitimiert zu sein. Wie aus dem Gespräch mit Danton hervorgeht, ist Robespierre aber in erster Linie ein **Moralist**, der sich anderen aufgrund seiner **tugendhaften Lebensweise** überlegen fühlt. Durch eine Aufzählung von Tugenden, an die sich Robespierre bisher streng gehalten habe – genannt werden u. a. Unbestechlichkeit, Keuschheit und Enthaltsamkeit (vgl. Z. 12 ff.) –, verdeutlicht Danton, wie stark, aber auch wie übertrieben Robespierre um seine **moralische Integrität** bemüht ist. Emphatisch nennt Danton diese Lebensweise „empörend rechtschaffen" (Z. 14 f.). Die Ablehnung dieses Eifers bringt Danton zum Ausdruck, als er sein Gegenüber ironisch als „Unbestechliche[n]" (Z. 37) bezeichnet. Er unterstellt Robespierre, sich als „Polizeisoldat des Himmels" (Z. 30) zu begreifen. Auf metaphorische Weise wirft er ihm also **Hybris** vor, da sich Robespierre als unmittelbarer Befehlsempfänger des göttlichen Willens sehe. Dass sich der so Angesprochene tatsächlich als in moralischer Hinsicht erhaben betrachtet, macht die Tatsache deutlich, dass er keinerlei Skrupel angesichts der zahlreichen Todesopfer der Revolution zeigt. Der Frage, ob er seine Haltung nicht manchmal selbst in Zweifel ziehe, setzt Robespierre die apodiktische Feststellung entgegen: „**Mein Gewissen ist rein.**" (Z. 20)

extremistische Einstellung

Auch deshalb kann Robespierre als **politischer Fanatiker** bezeichnet werden, der **Gewalt als legitimes Mittel seiner Herrschaftsausübung** betrachtet. Gleich zu Beginn der Szene wird deutlich, dass er **keinen Widerspruch in politischen Fragen duldet** und allein seine Überzeugung als die richtige gelten lässt. Danton gegenüber stellt er klar: „[W]er mir in den Arm fällt, wenn ich das Schwert ziehe, ist mein Feind […], wer mich verhindert, mich zu verteidigen, tötet mich so gut, als wenn er mich angriffe." (Z. 1 ff.) Durch die anaphorische Formulierung weist Robespierre mit Nachdruck darauf hin, dass er jede Person als Gegner betrachtet, die sich ihm entgegenstellt. Seine martialische Wortwahl („Schwert", Z. 1; „Feind", Z. 2; „verteidigen", Z. 2 f.; „töte[n]", Z. 3) legt nahe, dass er **nicht vor Gewaltmitteln zurückschreckt**. Dabei schont Robespierre auch Kameraden nicht, wenn ihm diese bei seinem Bestreben, eine neue Herrschaftsform zu etablieren, im Wege stehen. Seine Überlegung, ob Danton tatsächlich getötet werden müsse, mündet in den elliptischen Ausruf: „Ja, ja! die Republik!" (Z. 55) Die **Ermordung politischer Mitstreiter** rechtfertigt Robespierre vor sich selbst also damit, dass jedes Mittel bei der Errichtung einer französischen Republik erlaubt sei. Gleichzeitig ist die Kürze seines Ausrufs als Versuch zu verstehen, mögliche Bedenken rasch abzutun. Die **Verdrängung von Gewissensbissen** zeigt sich auch, als der Revolutionsführer seinen Beschluss, Danton ermorden zu lassen, laut ausspricht. „[E]r wird zertreten" (Z. 59), stellt er lapidar fest. Durch die euphemistische Formulierung kommt zum Ausdruck, dass er politische Konkurrenten wie lästige Insekten betrachtet, die es loszuwerden gilt. Auch dadurch offenbart er seine fanatische Haltung.

Entwicklung
zunehmende Radikalisierung

In der **Frage, ob er auch gemäßigte Kräfte innerhalb der Revolution ausschalten soll**, zeigt sich bei Robespierre allerdings eine **Entwicklung**. Auf das Streitgespräch mit Danton folgt ein längerer Monolog Robespierres, in dem er für einen kurzen Augenblick **die Motive seines Handelns infrage stellt**. Der schnelle Wechsel von Frage- und Ausrufesätzen (vgl. Z. 51 ff., 65 ff.) macht deutlich, dass seine Verunsicherung nur kurz währt und durch Ausrufe, die der Selbstvergewisserung dienen, unterbunden wird. Eine Überlegung, die Robespierre beschäftigt, ist zum einen der drohende Vorwurf, er habe Danton beseitigen lassen, um einen politischen Rivalen, der metaphorisch gesprochen „zu viel Schatten auf [ihn]" (Z. 54) warf, loszuwerden. Weit mehr scheint Robespierre allerdings die persönliche Kritik Dantons zu treffen, er sei ein Moralist, dessen Tugendhaftigkeit der bloße Ausdruck von Selbstgerechtigkeit ist (vgl. Z. 24 ff.). „Keine Tugend! die Tugend ein Absatz meiner Schuhe! Bei meinen Begriffen!" (Z. 65), empört sich Robespierre noch im Nachgang des Gesprächs. Die emphatischen, nur elliptisch vorgebrachten Ausrufe offenbaren, wie sehr ihn der Vorwurf trifft. Wie im Lauf des Monologs deutlich wird, **lässt Robespierre also durchaus Selbstzweifel zu** und stellt sich die Frage, wie er sich richtig verhalten soll. Dies ändert sich jedoch mit dem Auftreten von St. Just, der ihn dazu drängt, auch die Gefährten Dantons zu töten. Die verniedlichenden Bezeichnungen für die von St. Just genannten Personen („[e]in ausgemachter Spitzbube“, Z. 103; „[e]in schöner Kopf“, Z. 106) legen nahe, dass Robespierre **noch zögert, einstige Weggefährten ermorden zu lassen**. Die von St. Just übermittelte **Spottschrift**, in der Robespierre als mehrfacher Mörder bezeichnet wird (vgl. Z. 115 ff.), bewirkt bei diesem jedoch eine **Änderung seiner Haltung**. Die **Ausschaltung von Revolutionären**, die dem gemäßigten Lager zuzurechnen sind, hält er nun für **legitim** (vgl. Z. 126). Auch die Deutung der eigenen Rolle ändert sich, als sich der Revolutionsführer am Ende der Szene als **messianischer Heilsbringer** sieht, der dem Volk die Erlösung schenkt. Die Bezeichnung als „Blutmessias“ (Z. 136), die in der Spottschrift ironisch für Robespierre gebraucht worden war, bezieht er nun tatsächlich auf die eigene Person. Er deutet den Begriff allegorisch aus, indem er sich mit Jesus Christus vergleicht. Im Gegensatz zu Jesus „erlöse [er] sie [die Menschen] mit ihrem eigenen [Blut]“ (Z. 137) und ertrage „die Qual des Henkers“ (Z. 139). Die **Verunsicherung Robespierres weicht am Ende also einer völligen Verklärung seiner Person**, die eine Infragestellung der eigenen Motive nicht mehr zulässt.

c

TIPP **Vergleich der Gesprächsstrategien von Danton und St. Just**

Bei einem Vergleich der Gesprächsstrategien von Danton und St. Just fallen vor allem die Unterschiede ins Auge. Zu Beginn sollten Sie kurz auf die **konträren Gesprächsziele** der genannten Figuren eingehen. Im Anschluss sind die **Mittel, die die Figuren zur Beeinflussung ihres Gesprächspartners gebrauchen**, zu analysieren. Hier bietet sich eine blockweise Darstellung an, bei der erst die Gesprächsstrategien der einen, und dann die der anderen Figur dargelegt werden. Wie bei der Figurencharakterisierung sind die **Feststellungen am Text zu belegen**. In einem abschließenden Fazit können die Hauptunterschiede in Bezug auf die Gesprächsstrategien herausgestellt werden.

konträre Ziele der Figuren im Gespräch mit Danton

In der vorliegenden Szene wird deutlich, dass Robespierre den Verlauf der Revolution, die an einem Scheideweg steht, maßgeblich beeinflusst. Im Zentrum steht dabei die Frage, ob die **Schreckensherrschaft der Jakobiner noch radikaler** ausgeübt wird, wie **St. Just** fordert, oder ob es nicht an der **Zeit für ein Ende des Tötens** ist, wie **Danton** es vorschlägt. Sowohl Danton also auch St. Just versuchen, Robespierre in ihrem Sinn zu beeinflussen, wenn auch auf ganz unterschiedliche Weise.

Bei **Danton** ist zunächst festzustellen, dass er Robespierre unter anderem **auf Basis von Argumenten zu neuen Einsichten bewegen** will. Zu Beginn des Gesprächs versucht er, durch eine Differenzierung unterschiedlicher Formen von Gewalt eine Sensibilität für die Verhältnismäßigkeit der gewählten Mittel zu schaffen. Als ihm Robespierre unmissverständlich deutlich macht, er dulde kein Zögern und keine Einmischungen, entgegnet Danton: „Wo die Notwehr aufhört, fängt der Mord an, ich sehe keinen Grund, der uns länger zum Töten zwänge." (Z. 4 f.) Ebenso möchte Danton seinem Gegenüber Alternativen zu einer strengen Tugendethik aufzuzeigen. Dem Konzept Robespierres, das nur eine Unterscheidung zwischen Gut und Böse zulässt, setzt er ein hedonistisches Prinzip entgegen, wonach sich ethisches Handeln in erster Linie am Wohl des Menschen sowie am Lebensgenuss bemesse (vgl. Z. 34 ff.).

Strategien Dantons

argumentatives Vorgehen

Da sich Danton auf Augenhöhe mit Robespierre sieht, zögert er auch nicht, diesen durch **Belehrungen und Kritik** zu maßregeln. Zum einen fordert er Robespierre direkt auf, Toleranz zu üben, wenn Menschen das Leben einfach genießen wollen, ohne sich gleich zu fragen, ob das gut ist. „Du darfst es [das Streben nach Genuss] nicht ächten, ums Himmelswillen nicht [...]" (Z. 40), mahnt Danton. Zum anderen übt er Kritik an Robespierre, der bei seinen harten Strafmaßnahmen nicht zwischen Schuldigen und Unschuldigen unterscheide (vgl. Z. 43, 45). Ohne zu zögern schmettert Robespierre diesen Vorwurf ab, als er fragt: „Wer sagt dir denn, dass ein Unschuldiger getroffen worden sei?" (Z. 44)

direkte Kritik an Robespierre

Erheblich mehr Eindruck macht auf Robespierre, dass Danton ihn **ganz persönlich angreift**. Indem Danton die moralische Integrität seines Gegenübers in Zweifel zieht, stellt er dessen Legitimation, über andere zu herrschen, in Abrede. Robespierres übertriebene Tugendhaftigkeit gebe ihm noch lange nicht das Recht, sich zum Richter und Henker aufzuschwingen (vgl. Z. 24 ff.). Indem Danton diesen Vorwurf in einem sehr langen, von eindringlichen Bildern geprägten Redebeitrag äußert, will er Robespierre „die Absätze [...] von den Schuhen [...] treten" (Z. 37 f.). Das bedeutet, Danton möchte das, was Robespierre trotz aller Grausamkeiten einen aufrechten Gang ermöglicht, nämlich dessen Glauben an seine Tugend, im Kern erschüttern.

persönliche Vorwürfe

Im Gegensatz zu Danton versucht **St. Just** nicht, Robespierre von seinen Zielen zu überzeugen, indem er auf eine persönliche Ebene übergeht. Viel eher ist er darum bemüht, die äußeren Umstände so dramatisch erscheinen zu lassen, dass sich Robespierre zum Handeln gezwungen sieht. Zunächst schildert St. Just ausführlich das Verhalten Dantons, der Rückhalt beim einfachen Bürgertum suche

Strategien von St. Just

manipulatives Vorgehen

(vgl. Z. 88 ff.). Dadurch erweckt St. Just den Eindruck, Danton sei dabei, breiten Widerstand zu formieren und **Verrat an Robespierre und der Revolution** zu üben.

indirekte Drohung

Daneben übt St. Just **Druck auf Robespierre** aus, indem er ihm eine **drohende Außenseiterposition** voraussagt, wenn er sich nicht umgehend an der Tötung Dantons beteilige. St. Just gibt vor, eine Mehrheit sei für dieses Vorgehen und erklärt: „Wir werden ohne dich handeln. Wir sind entschlossen." (Z. 93) Indirekt droht St. Just also, Robespierre das Heft des Handelns aus der Hand zu nehmen, wodurch er, Robespierre, in eine Position der Schwäche zu geraten droht.

Zerstreuung von Bedenken

Indem St. Just außerdem suggeriert, die Verurteilung Dantons sei ein Selbstläufer, da entsprechende Gremien bereit dazu seien (vgl. Z. 95 f.), mögliche Anklagepunkte schon im Vorfeld artikuliert wurden (vgl. Z. 128 f.) und Beweismittel leicht zu beschaffen seien (vgl. Z. 131 f.), spielt er die Beteiligung Robespierres am Komplott herunter. Damit will St. Just die **Bedenken Robespierres**, der Mord an Danton könne ihm persönlich angelastet und als Neid ausgelegt werden, **zerstreuen**.

Herbeiführen von Rachegefühlen

Um Robespierre auch zur Beseitigung der Anhänger Dantons zu bewegen, zieht er einen besonderen Trumpf aus dem Ärmel, nämlich eine **Spottschrift**, die Robespierres einstiger Weggefährte Camille verfasst hat. Darin wird die **moralische Integrität Robespierres in Zweifel gezogen**, denn dessen weiße Weste sei in Wahrheit „das Leichenhemd Frankreichs" (Z. 120). Anscheinend weiß St. Just um die Empfindlichkeit, die Robespierre in Bezug auf seine Tugendhaftigkeit zeigt. Daher überrascht es nicht, dass St. Just den Artikel als letztes Mittel seiner Manipulationsversuche heranzieht. „Weg mit ihnen [den Dantonisten]! Rasch!" (Z. 126), ruft Robespierre heftig aus, wodurch deutlich wird, dass St. Justs Einflussnahme am Ende Erfolg hat.

Fazit

unterschiedlicher Erfolg beider Figuren

Der Grund für das **Scheitern Dantons**, mäßigend auf Robespierre einzuwirken, ist vor allem darin zu sehen, dass er im Streitgespräch eine rein politische Argumentation verlässt und Robespierre auf ganz persönlicher Ebene attackiert. Durch die **Vermengung von politischen und persönlichen Belangen** kommt es, dass Robespierre die Kritik an seiner Person auch als Verrat an der Revolution betrachtet. Im Gegensatz dazu beschränkt **St. Just** seine Einflussversuche in erster Linie auf eine **geschickte Darstellung der äußeren Umstände**, die Robespierre unter Druck setzen, ohne ihn aber persönlich infrage zu stellen. Dass St. Just am Ende damit **Erfolg** hat und über Danton triumphiert, legt der Titel des Dramas nahe.

FOS | BOS Bayern ▪ Abiturprüfung 2020
Deutsch – Aufgaben I bis IV

Das Corona-Virus hat im vergangenen Schuljahr auch die Prüfungsabläufe durcheinandergebracht und manches verzögert. Daher sind die Aufgaben und Lösungen zur Prüfung 2020 in diesem Jahr nicht im Buch abgedruckt, sondern erscheinen in digitaler Form.
Sobald die Original-Prüfungsaufgaben 2020 zur Veröffentlichung freigegeben sind, können sie als PDF auf der Plattform **MyStark** heruntergeladen werden (Zugangscode vgl. Farbseiten vorne im Buch).

Prüfung 2020

www.stark-verlag.de/mystark